중식의 반찬과 식사

최송산 저

도서출판 효 일
www.hyoilbooks.com

序論*

중국은 米食王國(미식왕국)이라 한다. 수천 년 역사를 갖고 있는 중국의 飮食文化(음식문화)에서 米飯(밥)은 중요한 부분을 차지해 왔기 때문이다. 예로부터 돈이 많은 부자나 빈곤하게 생활하는 서민이나 三餐(3식)은 모두 米飯, 즉 밥으로 세 끼를 해결했다고 한다.

21세기에 들어선 지금 米飯(밥)은 단지 배를 충족시키기 위한 수단이 아니다. 현대인들은 어떻게 하면 하루에 단 한 끼라도 맛있는 밥을 잘 지어서 가족과 함께 먹을 수 있을까를 종종 고민하고 있다. 그러므로 밥의 美食(미식), 즉 밥을 맛있게 먹는 방법과 만드는 방법은 충분히 연구할 가치가 있으며 매일 먹는 밥에 대한 이해가 필요하다고 본다.

땅이 넓은 중국은 지역별로 언어사용이 전혀 다르듯이 중국요리의 炒飯(볶음밥)과 饅頭(만두)의 맛 또한 매우 다르다. 중국인들은 간단히 만들어 먹을 수 있는 밥과 면에도 기본원칙을 매우 중요시한다고 한다. 갓 지은 밥이나 먹다 남은 밥이 있으면 여기에 팬과 약간의 양념으로 그들이 즐겨먹는 수백 가지 主食(주식)을 만들 수 있다니 그 솜씨에 감탄할 수밖에 없다.

다양하면서도 간단한 조리법, 그리고 위생적이고도 영양이 살아 있는 중국의 전통 飯(밥)과 麵(면)의 조리법이 같은 동양권에 있는 한국에도 알려지면서 현업에 근무하는 전문요리사들의 꾸준한 노력과 연구로 우리 입맛에 맞는 밥과 면 그리고 菜肴(반찬)을 만들어 내게 되었던 것이다.

本書(본서)는 한국 대중음식점에서 비교적 많이 알려져 있는 중국음식의 밥과 면 그리고 띰섬의 조리과정을 보기 좋게 정리하여 이들 음식을 배우고자 하는 여러분이 쉽게 만들어 볼 수 있도록 했다. 앞으로도 부족하고 미비한 부분은 지속적으로 수정 보완해나갈 것을 약속드리며 본서를 통해 유용한 정보들을 많이 얻기를 바란다.

감사합니다!

최송산 올림

次例**

第一篇*

第二篇 | 中國菜肴 (중국요리의 반찬)*

第三篇 | 中國鹵味 (중국의 장조림)*

第四篇 | 中國燴飯 · 炒飯 (중국의 볶음밥 · 덮밥)*

第五篇 | 中國面点 (중국의 면과 띰섬)*

第一篇

1. 中國茶及飮食文化(중국차와 음식문화)

중국요리의 탄생과 역사는 중국문명사와 같이 발달해온 동기라고 할 수 있다. 5,000년 전부터 중국에서는 벌써 烤肉[kǎo ròu](고기구이), 烤魚[kǎo yú](생선구이), 羹湯[gēng tāng](죽, 탕)이 출연하였다 한다. 그래서 商·周(상·주)시대부터 秦·漢(진·한)시대까지가 중국요리의 형성시기이고, 魏晋南北朝(위진남북조)부터 지금까지는 중국요리의 발전시기와 繁榮(번영)시기라 할 수 있다.

商·周 時期(시기)부터 秦·漢 時期(시기)까지는 요리의 生産時期(생산시기)라 할 수 있게, 동식물의 원료, 조미료의 발달, 銅(동)제품 및 철제품의 器具(기구) 발달로 조리기술이 발전하여 왔다.

중국요리의 특징은 맛의 美(미)에 다양하게 변화를 준다는 것이다. 옛 俗語(속어) 중에 "百菜百味, 一菜一格(백 가지 요리에 백 가지의 맛이 담겨있고, 요리 한 가지마다 품격을 갖춘다)"이라는 말이 지금의 중국요리를 명실공히 세계 최고 요리로 인정받게 만든 것이라고 할 수 있다.

1) 중국의 茶

중국은 차를 "國飮"이라 부를 정도로 차의 고향이자 원산지다. 예로부터 위로는 帝王(제왕)부터 일반 백성까지 모두 차를 음미하는 즐거움으로 생활해왔다. 차의 역사를 돌이켜보면 神農氏(신농씨)부터 지금까지 수천 년의 세월이 흘러왔다 한다.

지금의 중국 茶文化(차문화)는 일상생활에 없어서는 안 될 일부분이 되었을 정도로 중요하다고 볼 수 있다. 지금은 비록 언제 어디서나 간단하게 사 먹을 수 있지만 그래도 우리는 차의 역사와 문화를 알고 있어야 한다고 본다.

중국 최초의 茶藝館(다예관)은 여러 사람들이 모여 차를 즐기는 장소로 사용하여 왔는데 각 지방의 문화적인 배경이 서로 다른 이유로 특유의 많은 다예관이 생기기 시작하였고 지금도 중국의 다예관에서는 중국 사람들의 전통문화와 생활을 볼 수 있다고 한다.

(1) 茶藝館(다예관)의 종류

① 庭園式 茶藝館(정원식 다예관)

정원에 작은 亭子(정자)가 있고 欄干(난간) 아래에 연못과 흐르는 물이 있는, 조용한 안식처를 말한다.

② 庁堂式 茶藝館(청당식 다예관)

내부 장식에 고전적인 古가구와 명인이 그린 그림 그리고 골동품을 배치하여 옛날의 감상을 줄 수 있는 장소를 말한다.

③ 鄕土式 茶藝館(향토식 다예관)

대부분 시골 농업사회의 배경과 기구를 장식하여 향토적인 감각을 줄 수 있는 시설을 말한디.

④ 唐式 茶藝館(당나라식 다예관)

日本和食(일본화식) 다예관과 유사한 시설을 갖추어놓은 곳으로 밀어당기는 문과 일본식 다다미방같이 바닥에 앉아 차를 즐기는 보통의 동양적인 구조를 말한다.

⑤ 綜合式 茶藝館(종합식 다예관)

서양식의 실내인테리어와 동양풍을 갖춘 기구를 장식하여 젊은 사람들이 많이 찾는 곳을 말한다.

그리고 차는 꼭 뜨겁게 해서 마시라는 법은 없다고 한다. 冷茶(냉차)를 마시는 것도 건강을 지키기 위한 또 한 가지 방법이다. 사실 냉차를 마시는 것은 새로운 관념이 아니라 한다. 차를 마실 줄 아는 사람들은 綠茶(녹차)를 '泡冷茶'라고 하여 차게 먹는다는 것을 알고 있다고 한다.

차를 찬물에 넣고 냉장고에 4~8시간 보관하여 마시면 차의 감미로운 맛을 더 느낄 수 있다고 한다. 찻잎에서 우러나는 단맛의 아미노산이 찬물에서는 먼저 추출되고, 찻잎에 남아있는 카페인은 찬물에서는 빨리 추출이 안 되기 때문이라고 한다. 카페인은 80℃ 이상이 돼야 대량으로 추출되어 위산 분비를 자극하고 신체 리듬을 잊게 한다고 하니 녹차를 차게 마시는 것이 건강에 좋다고 한다.

2) 中國茶 品種(중국차의 종류)

중국은 차의 재배와 생산에 오랜 경험과 기술을 갖고 있어서 지역별로 많은 품종의 차나무를 보유하고 있다. 茶葉(차엽)의 가공방법에 따라 녹차, 홍차, 오룡차, 황차, 백차, 흑차 등 6종류로 분류하고, 여기서 다시 가공하여 각종 꽃을 넣어 화차를 만들어 낸다. 그 외 중국의 소수민족에는 민족적인 풍토로 즐기는 차도 많고, 한국 사람들이 즐겨 마시는 大麥茶(보리차)와 열을 식히고 해독작용을 하는 苦丁茶(고정차)도 있다.

(1) 綠茶[lǜ chà](녹차)

녹차는 2천 년 역사를 갖고 있는 차다. 중국은 綠茶의 최대 생산지이며 浙江(저장), 安徽(안휘), 江西(장시)에서 생산량이 제일 높고, 품질 또한 제일 좋다. 녹차는 不發酵茶(불발효차)로 중요시하는 특징은 '清湯綠葉', 즉 차가 맑으면서 찻잎이 푸른빛을 띠는 것이다. 유명한 녹차로는 西湖(서호)의 龍井茶, 洞庭의 碧螺春, 黃山의 毛尖茶 등이 있다.

(2) 紅茶[hóng chà](홍차)

홍차는 發酵茶(발효차)에 속한다. 차나무의 새순 잎을 채취하여 원료로 사용한다. 홍차는 채취-말리기-비비기-발효-다시 건조하기와 같이 여러 단계의과정을 거쳐서 정밀하게 만들어진다. 홍차의 유래는 옛날 봉지로 담긴 차를 찻잔에 넣었을 때 붉은색을 띠어 紅茶라 불려 왔다고 한다. 유명한 紅茶에는 工夫紅茶, 小種紅茶와 紅碎茶가 있다.

(3) 烏龍茶[wū lóng chà](오롱차)

青茶[qīng cha]라고도 하며 半發酵茶(반발효차)이기도 하다. 중국에 많은 차종에서 특색이 있는 선명한 차의 일종이다. '茶痴(차치)'라고 하여 한번 맛보면 그 향을 잊지 못한다는 뜻이 담긴 차라고 할 수 있다. 福建省, 廣東省, 台灣省 등이 주 생산지이고, 제일 좋은 명차로는 安溪의 觀音茶, 大紅袍茶, 肉桂茶, 鳳凰水仙茶, 凍頂烏龍茶 등이 꼽힌다.

(4) 黃茶[huáng chà](황차)

황차의 제조방법은 녹차의 제조와 대부분 비슷하다고 보면 된다. 단 녹차 제조과정보다 '悶茶(문차)'라는 1단계 과정을 더 거쳐서 황차는 發酵茶(발효차)에 속한다고 보면 된다. 황차는 찻잎이 황색을 띠고 우러나오는 찻물 또한 진한 황색이어서 '黃湯黃葉'이라 하며 품질을 제일 중요시한다.

(5) 白茶[bái chà](백차)

백차는 아주 경미한 발효과정을 거쳐서 만든 차로 중국의 차 중에서 특수한 珍品(진품)으로 여기는 일종이다. 주요 생산지는 福建省의 일부 지역이다. 백차에는 주로 찻잎 묘순을 사용하여 제조과정을 거치면 흰 눈과 비슷한 은색을 띠어서 白茶라는 이름을 붙였다 한다.

(6) 黑茶[hēi chà](흑차)

차의 색상이 검은색을 띠어서 생긴 이름이다. 흑차는 後發酵茶(마지막 단계에 발효하는 차)에 속하며 중국에서는 가장 오래된 녹차의 毛茶를 쪄서 다시 눌러(찧어) 만든 차로 차의 대명사다. 흑차의 주요 생산지는 湖南, 湖北, 四川, 雲南, 廣西 등지이며 유명한 차로 湖南의 黑茶, 雲南의 普洱茶 등이 있다.

참고문헌

中食点心大全(汕头大學出版社) 編者: 新鳳凰工作室

炒飯 · 烩飯(汕头大學出版社) 編者: 高鋼輝

鹵味大全(汕头大學出版社) 編者: 胡開祥 張立琼

2. 中食調理用語解說(중식조리 용어해설)

중국요리는 일반적으로 한 가지 조리법을 사용하여 요리를 만들지 않는다. 여러 종류의 조리방법을 이용하여 요리에 다양한 변화를 주어 독특한 맛을 만들어 낸다. 그래야만 더욱 깊은 중국요리의 理念을 갖출 수 있는 것이다. 이런 복합적인 조리방법은 서로의 기술 교류가 원인이 되기도 하며 조리하는 요리사들의 감각, 촉각, 경험을 쌓아올리고 더 나아가 그 지역의 환경과 기후, 특산물을 이용하여 특색 있는 지방요리를 만들어 발전하게 하는 것이다.

다음은 일반 중국 조리기술 중 많이 사용하는 조리용어다.

1) 火功(화공)의 조리용어

(1) 燒[shāo]

요리설명 紅燒海參(홍소해삼)

전처리한 재료를 적정량의 육수와 조미료를 첨가한 후에 먼저 센 불에 가열한 후 다시 중간 불과 약한 불로 조절하여 요리를 완성시키는 조리법을 말한다. 간단하게 말해서 미리 가공한 재료나 1단계 처리한 후 팬에 넣고 여기에 적절한 육수와 물을 넣어 강한 불에 익혀내는 조리방법이라 할 수 있다. 먼저 전처리 과정인 1~2단계를 마친 뒤에 완전히 익혀 조리하는 것을 燒[shāo]라 한다. 이 과정을 3단계 과정이라고도 하는데 센 불에 끓여내고, 중불, 약불에 익히고, 다음에 다시 센 불에 소스의 농도를 맞추는 과정이라 할 수 있다.

(2) 燜[mén]

요리설명 獅子丸子(사자완즈)

전처리한 재료를 먼저 기름에 튀겨서 砂鍋(돌냄비, 전골냄비)에 넣고, 여기에 적당한 육수와 조미료를 넣어 냄비의 뚜껑을 덮고 센 불에 먼저 끓인 뒤 다시 약한 불에 천천히 조려서 주재료를 익혀 속에 간이 배도록 한다. 냄비에 소스가 조금 남아있게 만드는 조리방법이다. 또한 육수를 적게 넣고, 뚜껑을 덮은 상태에서 강한 불을 올리는 방법으로 燉[dún]과 煨[wēi]보다 조리시간이 짧은 것이 특징으로 결과는 비슷하다고 볼 수 있다. 이 조리법에서도 삶고, 밀봉하기 전후에 가열을 시켜준다. 그래서 재료의 형태가 분열과 동시에 연하게 해주므로 충분히 양념의 맛을 흡수하여 자연히 재료 고유의 맛과 결합하여 진한 맛을 배게 하는 조리법이다.

(3) 㸆[kǎo]

요리설명 干燒大蝦(간소대하)

전처리 가공한 재료를 바로 팬에 넣어 적당한 육수와 조미료를 넣어 가열한 후 중간 불, 약한 불로 조정하여 간이 배면 다시 센 불로 졸여서 소스가 조금 남게 하는 조리법이다.

**재료를 부드럽게 만들고 소스가 졸면서 요리의 맛을 효과적으로 볼 수 있다는 것이 장점이다.

(4) 汆[cuān]

요리설명 鮮魚丸湯(생선완자탕)

전처리 가공한 부드러운 재료를 작은 크기로 만들어 끓는 육수 팬에 넣고 단시간에 탕 요리를 만드는 조리법.

**요리의 목적은 단시간에 주재료 맛을 신선하게 만들어 질감과 담백한 맛을 내는 것이다.

(5) 鹵[lǔ]

요리설명 鹵猪蹄(돼지족조림)

중국 전통 냉채를 만드는 조리법(조림) 중에 하나로 원래는 煮[zhǔ]법으로 사용하였다.

**전처리 가공한 재료와 부재료 그리고 익혀낸 재료를 미리 끓여낸 소스 냄비에 넣고 가열하여 소스의 진한 향과 맛이 주재료에 흡수되게 만드는 냉채요리의 조리법이다.

(6) 蒸[zhēng]

요리설명 蒸餃子(찐만두)

전처리 과정을 거친 재료를 蒸籠(찜통)에 넣고 일정한 열을 통해 증기를 발생시켜 재료를 익혀내는 조리법.

**찜통 안의 고온과 압력으로 재료를 빨리 익혀주면서 고유의 맛과 향을 유지하기 위한 조리법이기도 하다.

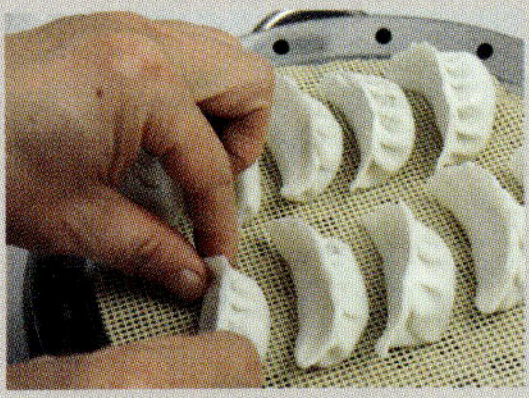

(7) 炸[zhá]

요리설명 椒塩大蝦(왕새우튀김)

전처리 과정을 거친 재료(예: 1차 전처리 과정을 거친 재료, 튀김옷을 입힌 재료 등)들을 기름을 넉넉히 부은 팬에 넣고 단시간에 걸쳐서 기름 온도를 강, 약으로 조절하여 재료의 속은 신선한 맛을 유지하고 겉면은 바삭하게 튀기는 조리법을 말한다.

**재료의 표면은 타지 않고 바삭해야 하고 속은 부드러우면서 감촉이 살아 있게 하는 조리방법을 말한다.

(8) 烹[pēng]

요리설명 干烹肉(깐풍육)

먼저 전처리한 재료들에 간을 하여 바로 튀김옷을 입혀서 넉넉한 기름에 바삭하게 튀겨 낸 뒤 다시 다른 팬을 이용하여 센 불에 미리 준비한 부재료와 소스를 튀겨낸 재료와 같이 넣어 빠른 속도로 볶아내는 조리법으로 양념(소스)이 신속히 주재료에 스며들게 하여 진한 향기를 돋게 하는 방법이다.

**먼저 튀겨낸 재료를 다시 강한 불에 빨리 볶아내는 조리법이다.

(9) 炒[chǎo]

요리설명 炒韮菜(부추잡채)

전처리 과정을 거쳐 작은 형태로 썰어낸 재료를 센 불에 소량의 기름을 넣어 순간적으로 가열해서 재료와 조미료를 넣어 볶아주는 조리법이다.

**이러한 조리법은 재료를 빨리 변성하여 익혀주며 주재료의 맛을 보존한다. 기름의 향과 조미료를 빨리 融合(융합)하는 데 목적이 있다.

(10) 煎[jiān]

요리설명 煎餃子(군만두)

주재료가 팬의 기름에 잠겨있지 않은 상태에서 익혀(튀겨)주는 것을 말한다.

**팬에 소량의 기름을 넣어 중불, 약불에서 지져주면서 재료의 표면에 황금색이 나도록 노릇하고 바삭하게 튀겨주는 조리법이다.

(11) 燴[huí]

요리설명 八宝燴飯(잡탕밥)

어떤 재료를 먼저 전처리 후에 다시 살짝 데쳐준 뒤 부재료와 같이 팬에 넣어 볶다가 육수와 조미료를 넣어 빠른 시간에 가열하여 녹말물을 풀어 뭉쳐지게 만드는 조리법이다.

**녹말을 넣지 않고 조리하면 淸燴라 한다. 녹말물로 약간 되게 만들면 羹[gēng]이라고 한다. 燴菜의 소스에는 대부분 끈적이는 현상이 있어 꼭 많은 녹말물로 풀어줘 소스를 걸쭉하게 만들어 원하는 조리요구에 맞춰야 한다.

(12) 扒[pá]

요리설명 紅燒排翅(상어지느러미찜)

전처리 가공한 재료를 바로 팬에 넣고 적당한 육수와 조미료를 넣어 중간 약한 불에 가열 후 재료에 간이 배게 하고 녹말물을 풀어서 접시에 담아 요리의 형태가 흐트러지지 않게 원래 모양을 유지하는 조리법이다. 지금은 조리사들이 먼저 만든 주재료를 미리 접시에 담고 소스나 부재료를 만들어 다시 덮어주거나 뿌려 내는 방법을 말한다.

(13) 拔絲[ba sī]

요리설명 拔絲元宵(찹쌀떡빠스)

팬에 설탕시럽을 미리 만들어놓고 익혀낸 재료를 넣어 가열하여 재료의 표면에 한 겹의 시럽을 묻혀주는 조리법이다.

**설탕시럽이 실처럼 가늘게 늘어나는 현상을 가리키는 용어다.

(14) 拌[bàn]

요리설명 冷拌三鮮(삼선냉채)

세정작업을 거친 재료를 가늘게 채로 혹은 얇게 편으로 썰어서 조미료를 첨가하여 혹은 미리 만들어 놓은 것을 버무려 묻혀서 내는 조리법.

**이 조리법은 가열과정이 필요 없이 바로 만들 수 있어 재료를 먼저 편, 토막, 가는 채, 굵은 채 등으로 썰어 소스와 같이 묻혀서 냉채로 사용한다.

2) 刀工(도공)의 조리용어

刀章(dāo zhang)은 칼 쓰는 방법을 말한다. 하나의 요리가 완성되기까지 각종 다른 재료를 칼로 썰어서 만드는 방법에 따라 형태가 변하게 된다. 사진은 자주 사용하는 용어 설명이다.

(1) 切[qiè]_Cutting

**재료를 여러 모양의 조각으로 나누는 방법.

**칼과 재료의 사이를 수직을 유지하여 위에서 밑으로 힘을 주어 자르는 방법을 切[qiè]라 한다.

**아래 그림은 자주 사용하는 여러 가지 切[qiè]의 기술 설명이다.

切[qiè]
위에서 아래로 썰기

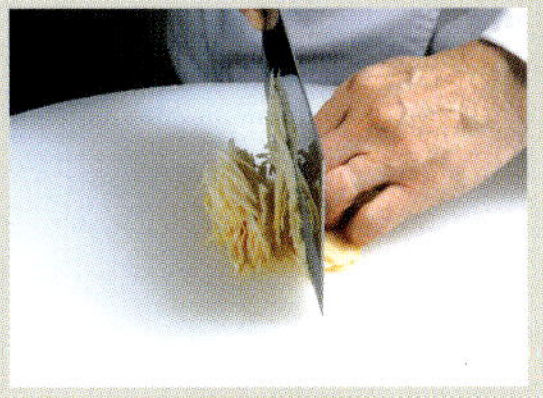
直切[zhí qiè]
직도 썰기

滚刀切[gǔn dào qiè]
굴려 썰기

推切[tuī qiè]
위에서 밀어 썰기

切塊[qie kuài]
큼직하게 썰기

切絲[qie sī]
가는 채 썰기

切條[qie tiào]
긴 마름모꼴 썰기

切茉[qie mò]
송송 곱게 썰기

切丁[qie dīng]
네모꼴 썰기

(2) 片[piàn]_Slicing

**직도 또는 옆면으로 써는 동작으로 재료를 얇은 편으로 써는 법을 말한다.

片[piàn]
편으로 썰기

反刀批[fǎn dào pī]
방향 바꿔 썰기

片[piàn]
편 모양 썰기

(3) 批[pī]_Slicing

**옆면으로 써는 동작으로 재료를 얇은 편으로 써는 법을 말한다.

拉刀批[lā dào pī]
눌러서 당겨 썰기

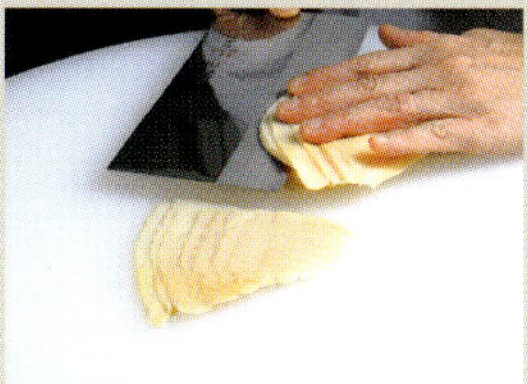

推刀批[tuī dào pī]
눌러서 밀어 썰기

斜刀批[xie dào pī]
비스름 썰기

(4) 拍[pāi]_Smashing

**剡[yǎn]이라고도 한다.

**칼의 넓은 면을 이용하여 재료(야채류)를 으깨주듯 破碎(파쇄)하는 방법(반드시 으깨져야 한다).

(5) 剞[jī]_Slicing

**花刀라고도 한다. 切와 片을 혼합하여 써는데 꽃무늬 모양으로 칼집을 내주고, 떨어지지 않는 게 기본이다.

(6) 削[xuē]_Peeling

**칼날로 재료의 외피(껍질)를 밖에서부터 제거하는 방법.

(7) 剖[pōu]_Ripping

**칼로 재료를 절단하기. 칼로 재료(물체)의 표면을 제거하는 동작.

**혹은 칼로 재료의 중심부에서 반으로 절단하는 동작.

(8) 剁[duò]_Double Chopping

**칼로 재료(물체)를 곱게 다져주는 동작.

(9) 剜[wān]_Scooping

**과일칼 또는 칼로 둥글게 돌려서 깎아내고, 그 안에 속 재료를 담는 방법.

(10) 捶[chuí]_Fine Mashing

**칼등으로 재료를 곱게 다지는 동작.

**砸[zá]라고도 하는데 재료를 방아 찧듯이 찧는다는 의미다.

(11) 雕[diāo]_Carving

**식품조각에 사용하는 재료를 조각칼로 조각하는 용어.

(12) 刮[guā]_Scraping

**재료의 겉피(껍질)를 칼로 긁어내는 방법.

(13) 砍[kǎn]_Chopping

**劈[pī]라고도 한다. 단단한 재료를 두 쪽 또는 여러 쪽으로 자르는 방법.

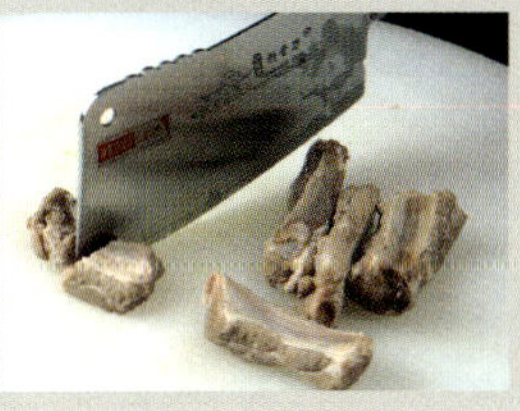

3) 중식 기본 조리기구

중식칼
菜刀[cài dāo]

북방팬
單柄燒鍋[dān bǐng shāo guo]

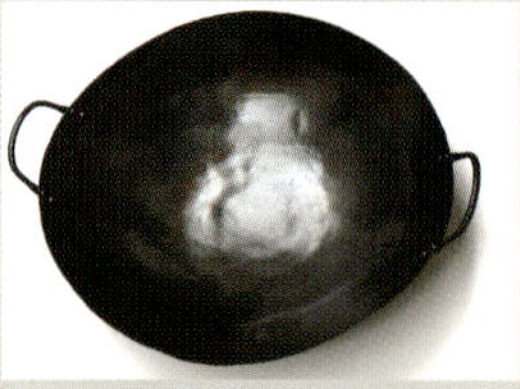
남방팬
双柄燒鍋[shuāng bǐng shāo guo]

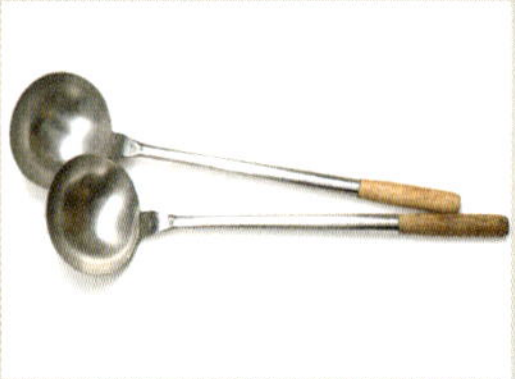
중국국자
玉勺子[yù sháo zi]

솥빗자루
刷掃[shua sào]

튀김거름망
漏勺[lòu sháo]

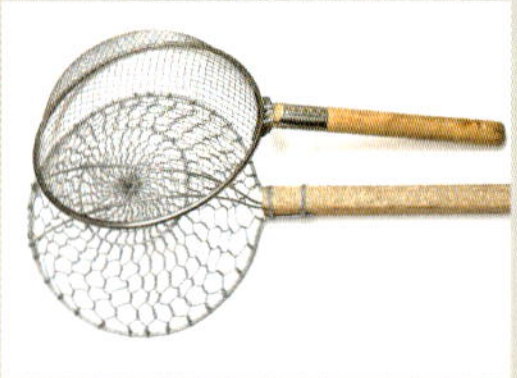
튀김조리
笊离[zhào lì]

대나무찜통
蒸籠[zhēng lǒng]

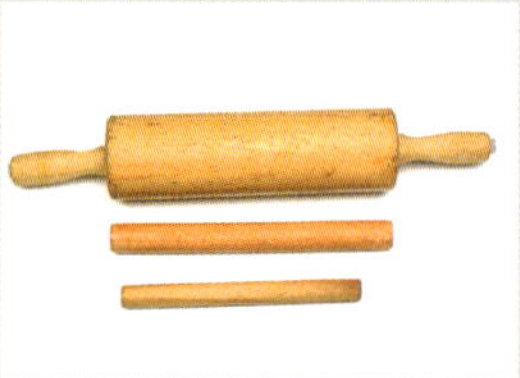
나무밀대
面棍[miàn gùn]

4) 중식 일반 식재료 용어

일반 식재료 명칭

건샥스핀
排翅[pái chì]

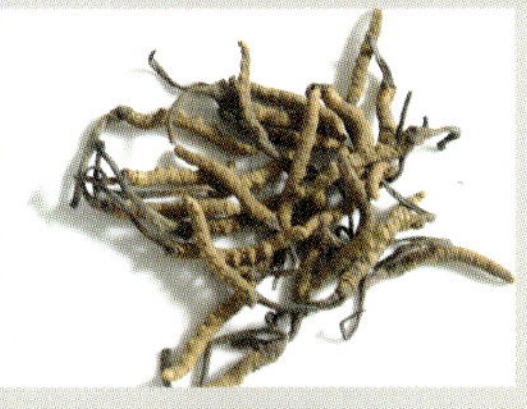

동충하초
冬蟲草[dōng chóng cǎo]

제비집
燕窩[yàn wo]

죽생
竹笙[zhu shēng]

건해삼
海參[hǎi shēn]

건표고
冬菇[dōng gū]

당면
粉條[fěn tiáo]

녹두당면
粉絲[fěn sī]

건패주
干貝[gān bèi]

건새우살
蝦米[xiā mǐ]

한천
琼脂[qióng zhī]

오리알
鴨蛋[yā dàn]

海鮮류 및 기타

가리비
鮮貝[xiān bèi]

전복
鮑魚[bào yú]

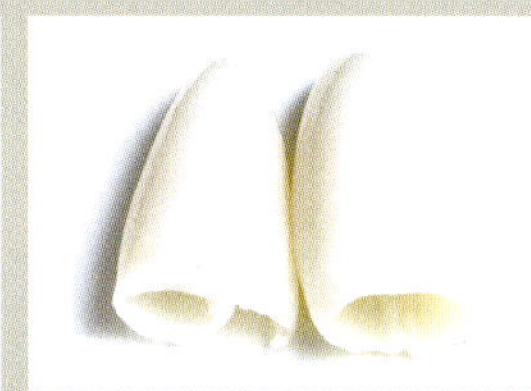

오징어
墨魚[mo yú]

패주
干貝[gān bèi]

조개
蛤蜊[gé lí]

굴
海蜊[hǎi lí]

불린 해삼
海參[hǎi shēn]

게집게살
蟹手[xiè shǒu]

크랩다리살
蟹箝[xiè qián]

홍합
紅蛤[hóng gé]

생선살
鮮魚[xiān yú]

오리
鴨子[yā zǐ]

새우살
小蝦[xiǎo xiā]

꽃게
白蟹[bái xiè]

게살
蟹肉[xiè ròu]

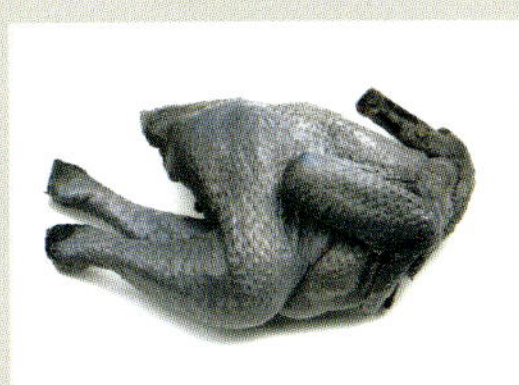

오골계
烏骨鷄[wū gù jī]

우럭
鮶魚[jūn yú]

중새우
中蝦[zhōng xiā]

大蝦[da xiā]

소라살
海螺[hǎi luó]

5) 조미료 및 향신료

조미료 및 소스

굴소스
蠔油[háo yóu]

로추
老抽[lǎo chōu]

간장
醬油[jiàng yóu]

두반장
豆瓣醬[dòu bàn jiàng]

해선장
海鮮醬[hǎi xiān jiàng]

X.O장
X.O醬[jiàng]

검은콩장
豆豉醬[dòu chǐ jiàng]

청주(요리술)
料酒[liào jiǔ]

홍식초
紅醋[hóng cǔ]

백식초
白醋[bái cù]

토마토케첩
蕃茄醬[fān qié jiàng]

면장
甛麵醬[tián miàn jiàng]

땅콩장
花生醬[huā shēng jiàng]

소흥주
紹興酒[shào xìng jiǔ]

치킨파우더
鷄粉[jī fěn]

백설탕
白糖[bài táng]

베이킹파우더
泡打粉[pào da fěn]

향신료

구기자
枸杞子[gōu qǐ zǐ]

대추
棗[zǎo]

산초
花椒[huā jiāo]

팔각
八角[ba jiǎo]

정향
丁香[dīng xīang]

레몬잎
檸檬葉[níng méng yé]

흑후추
黑胡椒[hēi hú jiāo]

건고추
干辣椒[gān là jiāo]

백후추
白胡椒[bái hú jiāo]

고춧가루
辣椒粉[là jiāo fěn]

계피
桂皮[guì pí]

배두관
白豆蔻[bái dòu guān]

황기
黃芪[huáng qí]

소회향
小茴香[xiǎo huì xīang]

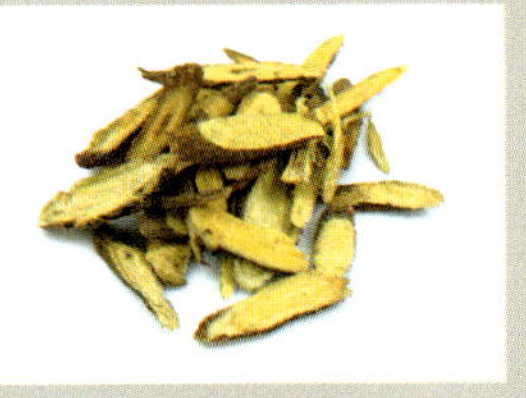

감초
甘草[gān cǎo]

계지
桂枝[guì qí]

酒

小糊涂仙

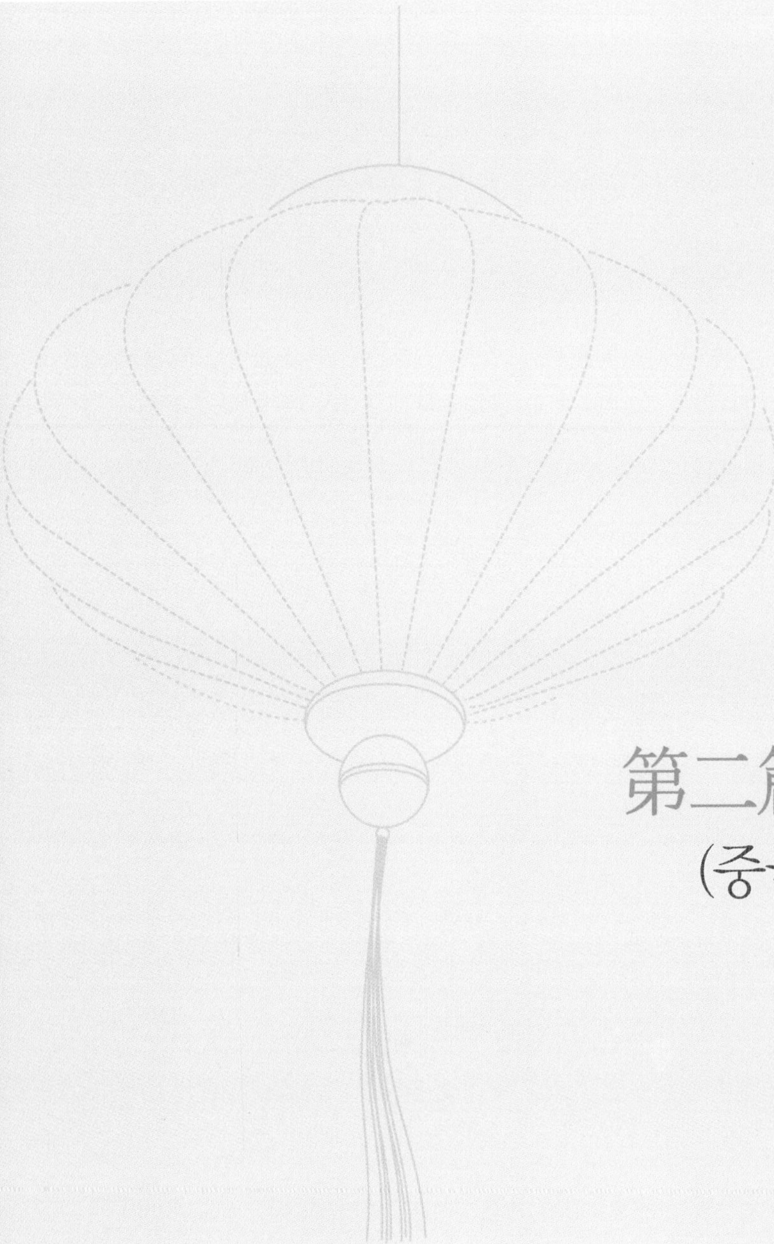

第二篇 | 中國 菜肴
(중국요리의 반찬)

반찬의 종류

小吃[xiǎo chī]

小吃란 小食(소식)을 한다는 뜻으로 点心의 내용과 비슷하나 실직적으로 술안주와 麵類(면류) 혹은 炒飯(볶음밥)과 湯(탕) 등을 포함하는 것이다.

小菜[xiǎo cài]

小菜는 음식을 작은 접시에 담아내는 간단한 요리의 一種으로 식사 시 간단하게 내는 반찬류를 말한다(예: 김치, 장조림, 오이무침, 짜사이, 땅콩 등).

点心[diǎn xīn]

중국 唐(당)나라에서부터 내려온 俗語(속어)로 사람 마음 한 곳에 작은 点(점)을 찍듯이 간단하게 먹는 간식류를 뜻하는 것이다.

点心(띰섬)은 宮中(궁중)에서부터 발달하여 전해져 왔으며 그 종류로는 鹹点心, 甛点心 두 가지가 있다. 鹹点心[xián diǎn xīn]에는 餃子類(만두류), 春捲(춘권), 燒賣(쇼마이) 등이 있다. 甛点心[tián diǎn xīn]은 중국 菓子(과자)의 일종으로, 한입에 먹을 수 있는 제일 작은 것부터 작게 잘라 먹는 큰 것까지 그 모양이 다양하다.

廣東(광동) 点心의 유래를 보면 茶樓(차루)와 飮茶(얌차)에서 시작되었다 한다. 중국인들이 예로부터 모여서 차를 마시며 간단한 餅類(다과류)를 같이 곁들어 먹으면서 잡담하는 장소로부터 시작하여 지금에 와서는 그 종류와 모양에 많은 변화를 주게 되었다 한다.

茶樓(차루)에서 발전하여 온 点心은 음식의 유행에 따라 연구 개발하여 鹹点心과 甛点心을 주일마다 바꿔 가면서 손님에게 제공하였고 손님은 매주 색다르고 신선한 点心을 맛보게 되었다. 또한 업소마다 경쟁적으로 多様多色(다양다색)의 띰섬을 개발해내어 오늘날 廣東 띰섬의 명성을 얻고 있는 것이다.

廣東 지방의 띰섬은 2천여 종 이상으로 풍부하며, 그 모양과 색상이 다양하고 화려하다. 지속적인 발전으로 点心文化(띰섬문화)가 세계에 알려지면서 영어사전에 'dimsum'이라 등록이 되었다. 이것은 点心壯元(띰섬장원)이라는 명칭을 갖고 있는 羅坤師傅(라쿤사부)의 명성이 전 세계에 알려진 덕분이기도 하다.

zhà cài

榨菜

짜사이무침

재료

짜사이 200g, 대파 2대

조미료

고추기름 2큰술, 청주 1작은술
설탕 1큰술, 조미료 약간, 식초 1큰술
참기름 약간

01 짜사이는 물에 씻어 얇고 가늘게 채로 썬 다음 물에 10분간 담가 놓는다. (그림 ❶)

02 대파도 깨끗이 씻어 가는 실 채로 썰어서 준비한다. (그림 ❷)

03 물에 담가 놓은 짜사이를 꺼내 물기를 꼭 짜서 채로 곱게 썬 대파와 같이 그릇에 담는다. 여기에 양념소스를 넣고 고루 버무려서 작은 접시에 (밑반찬으로) 낸다. (그림 ❸~❻)

●● 榨菜[zhà cài](짜사이)는 중국 사천지방의 특산물이며 고급 중국음식점에서 밑반찬으로 많이 사용하는 장아찌 종류로 대부분 중국에서 수입하여 사용한다. 지금 시중에서 판매하는 짜사이는 대부분 채로 썰어서 나오는 제품이다.

❶

❷

❸

❹

❺

❻

suān là huáng guā

酸辣黃瓜

오이피클

재료
오이(취청) 5개, 생강 1개
홍고추 3개, 소금 $\frac{1}{2}$컵

조미료(피클소스)
물 1컵, 설탕 1컵 반, 식초 2컵
고추기름 $\frac{1}{2}$컵

01 오이는 깨끗이 씻어 길이 5㎝로 토막 내고 다시 한 토막을 반으로 잘라 3~4쪽으로 썰어 놓는다. 썰어 놓은 오이는 소금을 고루 뿌려 1시간 정도 절여지게 담가 놓는다. (그림 ❶~❹)

02 소금물에 절여진 오이는 건져서 뚜껑 있는 용기에 넉넉히 담는다. 팬에 물, 식초와 설탕을 넣고 설탕이 완전히 녹을 때까지 끓여서, 오이가 잠길 정도로 용기에 넉넉히 붓는다. (그림 ❺)

03 홍고추와 생강은 가는 채로 썰어서 용기에 담아낸 오이 위에 고루 뿌려 놓는다. (그림 ❻)

04 팬에 고추기름을 넣고 뜨겁게(180℃) 하여 홍고추와 생강 위에 조금씩 끼얹어주어 향이 나도록 한다. (그림 ❼)

●● 용기의 소스가 완전히 식으면 뚜껑을 덮고 냉장고에 3일간 저장하여 먹는다.

❶

❷

❸

❹

❺

❻

❼

yán shuǐ huā shēng

塩水花生

땅콩조림

재료
피땅콩 800g, 물 1.5ℓ, 팔각 3쪽
소금 100g, 조미료 약간, 대파 2대
생강 1쪽

01 피땅콩(볶지 않은 땅콩)은 깨끗한 물에 하루 정도 담가서 불려 놓는다. (그림 ❶)

02 냄비에 불려낸 피땅콩을 담고 물을 5컵 정도 붓는다. 여기에 팔각(향신료), 소금을 넣고, 대파와 생강도 저며서 같이 넣어 센 불에 먼저 끓인다. 물이 끓어오르면 불을 약하게 조절하여 중불에서 1시간 정도 푹 끓여준다. (그림 ❷~❸)

03 땅콩이 익었으면 불을 끄고 파와 생강은 건져서 버린다. 냄비에 땅콩이 완전히 식을 때까지 두었다가 냉장 보관하여 사용한다.

●● 땅콩은 깨끗한 물에 하루 정도 담가 두어 불면 혼탁한 물을 2번 정도 갈아주고 조림을 만들어야 비린 맛이 없어진다. 조림에 불은 中小火(중간 약한 불)를 사용하고 조림시간은 약 1시간 정도 조린 뒤 완전히 식을 때까지 땅콩을 담가 두어야 한다.

전처리재료

❶

❷

❸

완성

shāo jī

燒 鷄

닭고기냉채(쇼끼)

주재료
닭 1마리(1kg)
부재료
튀김기름 5컵, 오이 ½개, 고수 약간
전처리용(닭 표면에 발라주는 양념)
케첩 5큰술, 해선장 2큰술
마늘소스(닭냉채용)
육수 5큰술, 식초 2큰술
간장, 설탕 1큰술, 소금 1작은술
참기름 약간, 마늘(다져서) 5개
※万用鹵汁(간장소스) 만드는 방법 참고(p.62)

01 그릇에 케첩 5큰술, 해선장 2큰술을 혼합하여 소스를 만들어 닭 표면에 고루 바른다. (그림 ❶~❷)

02 160℃ 튀김기름에서 갈색이 나게 튀겨준다. (그림 ❸)

03 튀겨낸 닭을 사각 팬에 담고, 鹵汁(간장소스)을 끓여서 붓고, 여기에 대파, 생강을 띄워서 끓는 찜통에 1시간 정도 쪄낸다. (그림 ❹~❺) *鹵汁에 40분 정도 끓여도 된다.

●● 오이는 살짝 으깨어 접시에 담고 닭고기는 한입 크기로 썰어서 오이 위에 올린 뒤 마늘소스를 만들어 고수와 같이 뿌려준다.

❶

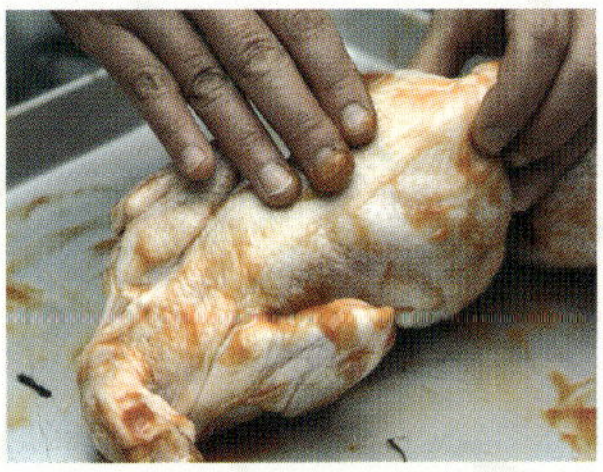
❷

❸

❹

❺

pí dàn dòu fǔ

皮蛋豆腐

오리알두부

주재료

연두부 1개, 오리알 2개, 고수 약간
홍고추 $\frac{1}{2}$개, 실파 2개, 마늘 3쪽

조미료(양념소스)

육수 2큰술, 간장 2큰술
식초 1큰술, 설탕 1큰술
조미료, 후추 약간씩, 참기름 약간

01 연두부는 끓는 물에 살짝 데쳐서 접시에 담아 수저로 큼직하게 잘라 놓는다. 오리알(피단)은 껍질을 벗겨서 손으로 작은 크기로 뜯어 연두부에 올려 담는다. (그림 ❶~❷)

02 작은 볼에 조미료(양념소스)를 같이 넣고 소스를 만든다. 여기에 송송 썬 실파와 홍고추, 으깬 마늘을 같이 넣고 섞어서 오리알 위에 뿌려서 낸다. (그림 ❸~❺)

●● 취향에 따라 겨자소스를 곁들여도 된다.

❶

❷

❸

❹

❺

dàn chǎo jiǔ cài

蛋炒韮菜

부추계란볶음

주재료

부추 150g, 생강 $\frac{1}{2}$쪽

부재료

계란 5개, 소금 1작은술

조미료

파기름 5큰술, 청주 1큰술
조미료, 후추 약간씩
소금 2작은술, 참기름 약간

01 부추는 깨끗이 씻어 6㎝ 정도의 길이로 자르고, 그릇에 계란을 잘 풀어서 소금 간을 한다. (그림 ❶)

02 팬에 기름을 두르고 뜨거워지면 파기름을 3큰술 정도 넣는다. 풀어 놓은 계란을 넣어 눋지 않게 볶으면서 육수 1큰술을 넣고 부드럽게 볶아 기름조리에 담는다. (그림 ❷~❹)

03 따라낸 팬에 파기름을 두르고 생강채와 부추를 넣어 청주와 조미료 간을 한다. 미리 볶아 놓은 계란을 넣고 섞어 볶은 뒤 참기름를 치고 낸다. (그림 ❺~❼)

❶

❷

❸

❹

❺

❻

❼

chǎo　tǔ　dòu　sī

炒土豆絲

감자채볶음

주재료
감자 2개

부재료
건고추 3개, 청 · 홍고추 약간씩
炒葱 약간

조미료
파기름 5큰술, 간장 1큰술, 청주 1큰술
조미료, 후추 약간씩, 소금 1작은술
굴소스 2작은술, 참기름 약간

01 감자는 껍질을 깎아 곱게 채로 썰어서 물에 담가 놓는다. (그림 ❶)

02 청 · 홍고추도 곱게 채로 썰어 감자를 담가 놓은 물에 넣고 2~3회 정도 헹궈서 조리에 밭쳐 물기를 제거한다. (그림 ❷~❹)

03 팬에 기름을 두르고 뜨거워지면 먼저 건고추와 炒葱을 넣고 볶은 뒤 바로 간장, 청주로 향을 내고 감자채를 넣어 볶는다. (그림 ❺~❻)

04 감자채가 잘 익도록 볶아주면서 여기에 조미료를 넣어 간을 한 다음 참기름을 치고 볶아 낸다. (그림 ❼~❽)

❶

❷

❸

❹

❺

❻

❼

❽

suàn tái yóu yú tóu

蒜苔魷魚頭

오징어마늘종볶음

주재료

물오징어다리 2마리분, 마늘종 500g

부재료

대파 ½개, 마늘, 생강 약간씩

조미료

파기름 1큰술, 청주 1큰술
육수 ½컵, 소금 1큰술
후추, 참기름 약간씩, 녹말물 1큰술
※튀김기름

01 **오징어다리를** 펴서 칼로 문질러 이물질을 깨끗이 제거하고, 마늘종과 같이 5㎝ 정도로 썬다. 대파는 굵은 채로, 마늘과 생강은 편으로 썰어서 준비한다. (그림 ❶~❷)

02 **끓는** 물에 먼저 마늘종을 데치고 바로 오징어다리를 살짝 데쳐낸다. (그림 ❸~❹)

03 **물에** 데친 재료를 조리로 밭쳐서 물기를 제거한 후 다시 뜨거운 튀김기름에 한번 튀겨서 기름조리에 담아낸다. (그림 ❺)

04 **기름을** 따라낸 팬에 먼저 파, 마늘, 생강을 넣고, 청주로 향을 낸 뒤 육수를 붓는다. 여기에 조미료 간을 하고 바로 튀겨낸 오징어와 마늘종을 넣어 볶은 뒤 녹말물을 조금 풀고 마지막에 참기름을 살짝 쳐서 볶아 낸다. (그림 ❻~❼)

❶

❷

❸

❹

❺

❻

❼

yín yá chǎo yā sī

銀芽炒鴨絲

오리가슴살볶음

주재료

오리가슴살(익힌 것) 150g

부재료

숙주 70g, 청 · 홍피망 $\frac{1}{2}$개씩

炒葱 약간

조미료

고춧가루 1큰술, 파기름 3큰술, 간장 1큰술

청주 1큰술, 굴소스 1큰술

조미료, 후추 약간씩, 참기름 약간

01 오리가슴살은 손으로 가늘게 찢어서 준비하고 숙주나물은 다듬어서 씻어 놓는다. 청 · 홍고추도 곱게 채 썰어 준비한다. (그림 ❶~❸)

02 숙주나물에 고운 고춧가루 1큰술을 떠 놓는다. (그림 ❹)

03 팬에 기름을 두르고 뜨거워지면 炒葱과 간장, 청주를 넣어 향을 내고, 바로 야채를 넣어 센 불에 볶으면서 조미료 간을 한다. (그림 ❺)

04 숙주가 아삭하게 볶아지면 바로 오리고기를 넣어 다시 야채와 같이 두세 번 볶는다. 혼합이 잘되면 접시에 담는다. (그림 ❻~❽)

●● 이 요리에 사용하는 오리고기는 북경오리 요리에 껍질과 같이 싸서 먹는 살코기로 이미 익혀진 상태이고, 만약 생오리고기를 이용할 때는 오리가슴살을 채로 썰어서 밑간하여 기름에 살짝 익혀서 사용하면 된다.

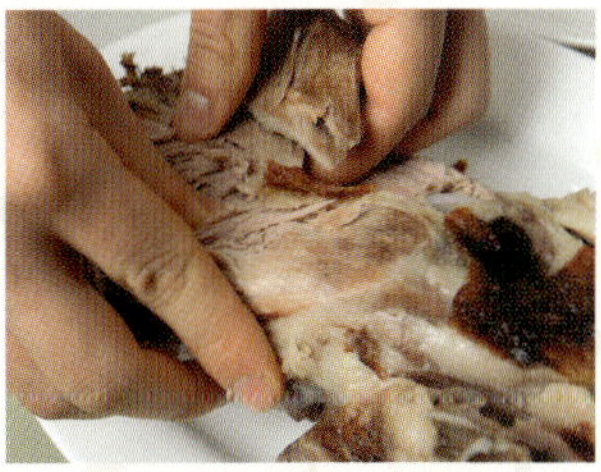
❶

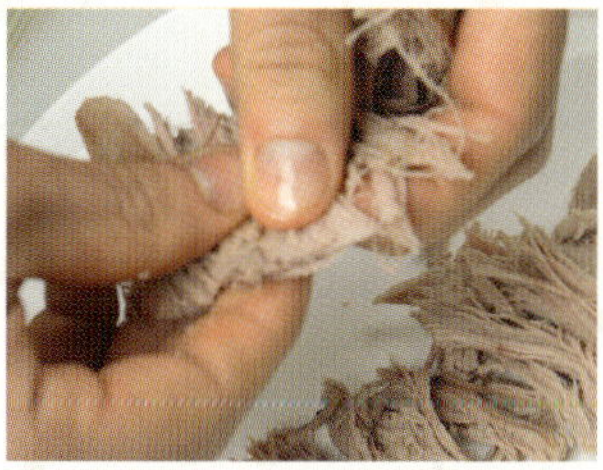
❷

❸

❹

❺

❻

❼

❽

chǎo gé lí

炒蛤蜊

바지락볶음

주재료

바지락 400g, 건고추 5개, 쪽파 3개
마늘 5쪽, 생강 약간

조미료

파기름 2큰술, 간장 $\frac{1}{2}$큰술
청주 1큰술, 육수 2큰술
굴소스 약간, 식초 $\frac{1}{2}$큰술
녹말물 1큰술, 참기름 약간

01 먼저 해금시킨 바지락을 깨끗이 씻어 준비한다. 마늘과 생강은 편으로 썰고, 건고추는 2㎝ 정도로 자르고, 쪽파는 1㎝ 정도로 썰어 준비한다. (그림 ❶~❸)

02 끓는 물에 바지락을 넣고 끓여 약간 벌어지면 조리에 밭쳐낸다. (그림 ❹~❺)

03 팬에 기름을 두르고 뜨거워지면 마늘, 생강, 건고추를 넣어 볶다가 여기에 바지락을 넣고, 바로 간장, 청주를 넣어 향을 낸 다음 뚜껑을 덮고 센 불에 1분 정도 끓인다. (그림 ❻~❼)

04 바지락 껍질이 벌어지면 굴소스, 식초로 간을 하고 녹말물을 풀어준 뒤 여기에 썰어낸 쪽파를 뿌리고 참기름을 쳐서 볶아 낸다. (그림 ❽~❾)

❶

❷

❸

❹

❺

❻

❼

❽

❾

jiŭ cài chăo zhū gān

韮菜炒猪肝

돼지간부추볶음

주재료

돼지간 150g, 녹말가루 50g

부재료

부추 100g, 생강 약간

조미료

파기름 5큰술, 간장 1큰술, 청주 1큰술
굴소스 1큰술, 조미료 약간
참기름 약간

01 돼지간은 얇게 편으로 썰어 놓고, 부추는 깨끗이 씻어 6cm 정도 크기로 썰어 놓는다. (그림 ❶~❷)

02 편으로 썰어낸 돼지 간은 한 쪽씩 녹말가루를 묻혀서 뜨거운 기름에 튀겨낸다. (그림 ❸~❻)

03 팬에 남은 기름을 따라낸 뒤 다시 기름을 붓고, 생강을 넣어 향을 낸다. 바로 간장, 청주와 부추를 동시에 넣어 볶아준 뒤 조미료 간을 하고 튀겨낸 돼지간과 같이 빨리 볶아낸다. (그림 ❼~❾)

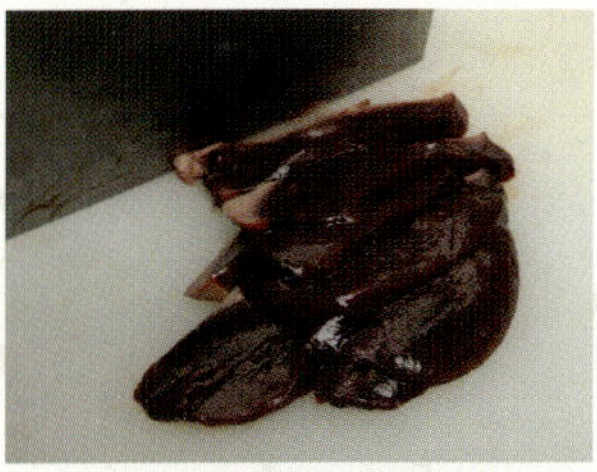

❶

❷

❸

❹

❺

❻

❼

❽

❾

hūi yú

燻魚

복냉채

주재료
복(생선살) 1kg

부재료
대파 1대, 생강 1쪽
오이 $\frac{1}{2}$개, 고수 약간
※万用鹵汁(간장소스) 만드는 방법 참고(p.62)
※튀김기름

01 **복어살은** 물에 담가 살만 전처리한 후 물기를 제거하고 용기에 담아 놓는다. (그림 ❶)

02 **팬에** 鹵汁(간장소스)을 끓여서 용기에 담아 놓은 복어살에 붓고, 여기에 파, 생강을 띄워서 하루 정도 간이 배게 한다. (그림 ❷~❸)

03 **용기에** 담가 놓은 복어살에 간이 배면 건져서 소스의 물기를 제거한 뒤 170℃ 튀김기름에 갈색이 나게 튀겨낸다. (그림 ❹~❺)

04 **잘** 튀겨낸 복어살은 식혀서 얇게 편으로 썰어 오이채와 같이 곁들여 담아 낸다.

●● 鹵汁에 생선을 넣고 중불로 끓여 생선이 익으면 바로 불을 끈다. 간장소스에 최소 30분 정도 담가 두어야만 양념 맛이 완전히 스며들어 냉채로 사용하는 데 적합하다.

❶

❷

❸

❹

❺

第三篇 | 中國鹵味

(중국의 장조림)

万用鹵汁[wàn yòng lǔ zhī]

만용로즙은 종합 혼합용 향신료를 말하는 것으로 시중에서 쉽게 구입할 수 있다. 주로 많이 사용하는 향신료는 花椒[huā jiāo], 八角[ba jiǎo], 草果[cāo guo], 桂皮[guì pí], 甘草[gān cǎo], 小茴香[xiǎo huí xīang] 등으로, 향이 농하고 뒷맛이 달아서 鹵汁(장조림소스)에 사용하기 적합하다.

약재

草果(초과) 1개
花椒(화초) 5g
甘草(감초) 5g
桂皮(계피) 5g
小茴香(소회향) 5g

조미료

대파 2개
고추 2개
생강 1쪽
청주 4큰술
간장 1컵
물 4컵
설탕 4큰술

◈ 만드는 방법

1. 모든 약재를 약재봉에 넣어 입구를 단단히 묶는다.
2. 대파는 반으로 갈라 길게 썰고, 고추는 으깬 뒤 다져서 준비한다.
3. 솥 혹은 냄비에 약재와 조미료를 넣고 혼합하여 万用鹵汁소스로 사용한다.

鹵味(조림맛의 원칙)

鹵味(로미)란 鹵汁(간장소스)을 끓여서 우려내는 맛을 표현하는 말이다.

여기서 어떻게 조리를 해야 맛있는 鹵汁(간장소스)을 만들 수 있는지 살펴보기로 한다.

1. 어떤 식재료가 장시간 조림에 부적절한가?

쉽게 익히는 야채류는 한 번 데쳐 주는 것으로 가능하지만 육질이 비교적 질긴 내장류(예 : 간, 심장, 대장) 등은 단시간에 鹵汁에 끓인 뒤 다시 鹵汁소스에 담가 두어야 양념을 흡수하여 부드러운 맛을 내고 구감을 만족시킨다. 다만 오래 담가 두면 육질이 질겨지고 형태가 축소되는 현상이 생긴다.

2. 鹵汁(장조림소스)을 어떻게 졸여야 흐물거리지 않고 솥에 달라붙지 않는가?

식재료가 완전히 소스에 잠겨야만 간장소스가 흡수되고 精華(정화)된다. 만약 식재료가 비교적 큰 것이라면 작게 썰어서 다시 솥에 넣어야 한다.

일반적으로 요리를 할 때 大火(센 불)에 먼저 끓이고 그 다음은 中火(중불) 또는 小火(약한 불)에 끓이게 되는데 이는 재료의 형태를 유지하고 흐물거리지 않게 한다. 또한 재료가 양념소스에 잘 어우러질 수 있게 한다. 참고로 솥에서 끓이는 동안에는 식재료를 뒤집지 않아야 재료의 영양 손실과 파괴를 막을 수 있다.

3. 鹵汁(장조림소스)의 사용과 보존방법의 원칙은?

장조림의 맛은 장의 신선도와 향이 결정한다고 할 수 있다. 한번 끓여낸 장소스는 두 번 정도 끓이는 것이 적당하다. 참고로 육류나 내장 등의 재료는 같이 끓여도 상관없다. 간장소스의 신선도와 맛, 향을 해칠 수 있는 식재료(예: 콩제품, 계란, 미역, 해선류)는 가능하면 한 번만 사용하고 버리는 것이 좋다.

4. 鹵味(로미)를 맛있게 만드는 비결

1) 육류나 가금류는 꼭 끓는 물에 데쳐서 사용한다.

육류와 내장은 먼저 끓는 물에 데쳐서 핏물을 제거하고, 껍질 표면의 잔털을 반드시 뽑아 제거해야만 맛있는 口感(구감)을 살릴 수 있다. 참고로 끓는 물에 데친 뒤 바로 잔털을 뽑아야 잘 빠진다.

2) 조리기구 선택의 중요성

조림기구로 알루미늄 기구는 사용하지 않는 것이 좋다. 잘못 사용하면 화학반응을 일으킬 수 있기 때문이다. 따라서 가능하면 돌냄비(뚝배기)나 陶器(도기)제품을 사용하는 것이 좋다. 이러한 용기제품은 보온의 효과를 주며, 소스의 고유한 맛과 재료의 濃(농)한 느낌을 살려준다. 참고로 큰 용기를 골라서 사용해야 열을 일정하게 받을 수 있고, 着色(착색) 또한 빨리 된다.

3) 棉布(면포)와 泡茶器(포차기)의 사용

향신료를 면포와 포차기에 넣어 끓이게 되면 솥 전체에 향신료가 분산되는 것을 방지하고, 식재료에 달라붙지 않아 먹을 때 편리하다.

4) 잡물 제거

간장소스를 끓이는 과정에서 떠오른 기름과 잡물들은 필히 제거해야만 간장소스가 혼탁해지지 않는다.

5) 재료 집기

완성된 식재료조림을 맛보거나 건져서 담을 때는 물기가 없는 수저나 젓가락을 사용해야 소스의 오염을 방지할 수 있다.

5. 장소스의 맛과 조림요리의 보관방법

장조림의 조리과정이 완료되면 바로 꺼내 사용해야 원래의 맛과 향을 달성할 수 있다. 만약에 장시간 조림소스에 담가 두면 재료가 소스를 과다하게 흡수하여 짠맛이 깊게 밸 수 있다. 만약 만들어 놓은 조림 종류를 다 먹지 못했을 경우 밀봉된 비닐 팩이나 밀봉 통에 넣어 보관하고, 남은 소스는 찌꺼기를 제거하고 밀봉 비닐에 담아 냉장, 냉동 보관한다.

미리 소스에 파를 뿌려 놨거나 조미료를 친 재료가 남았을 때는 끓는 물에 씻어 내고 다시 적당한 鹵汁소스를 끓여서 넣고 데쳐 먹어도 무관하다.

수분을 많이 함유하고 있는 조림요리(예: 배추조림, 동파육 등)는 飯(밥)과 麵(면)에 잘 어울리는 소스로 식욕을 충분히 돋워주는 요리다.

lǔ zhū tí

卤猪蹄

돼지족조림

주재료

돼지족 4개

약재

초과 1개, 화초 5g

감초 5g, 계피 5g, 소회향 5g

조미료

대파, 고추 2개씩, 생강 1쪽, 간장 1컵

청주, 설탕 4큰술씩, 물 4컵, 로추 2큰술

01 **돼지족은** 먼저 잔털을 깨끗이 제거하고 끓는 물에 30분 정도 삶아서 건져낸다(이 과정에서 핏물과 이물질을 제거한다). (그림 ❶~❸)

02 **만용로즙** 향신소스를 준비한다. (그림 ❹)

03 **돼지족이 완전히** 잠길 정도의 큰 냄비에 향신료 소스를 끓인다. 돼지족을 넣고 조미료 로추로 색을 맞춘 뒤 센 불에 끓이다가 중불에 1시간 반 정도 끓여준다. (그림 ❺~❻)

04 **나무젓갈로** 찔러봐서 잘 익었나 확인하고 소스에서 꺼내 식힌다. (그림 ❼~❽)

05 **돼지족이** 식으면 먼저 끝 부분부터 절단하고 뼈 사이를 잘라서 먹기 좋게 담아낸다. (그림 ❾~❿)

●● 돼지족을 끓여낸 소스는 얄팍한 접시에 담아내고 굳어서 묵이 되면 위에 떠있는 기름을 제거한 뒤 사방 2㎝ 정도로 썰어서 접시 가장자리에 담아 올린다.

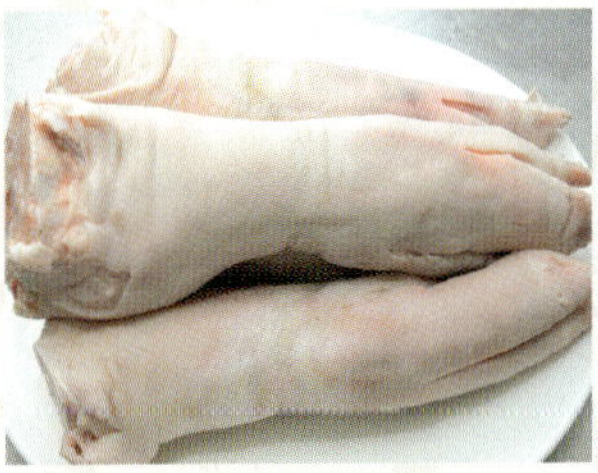

❶

❷

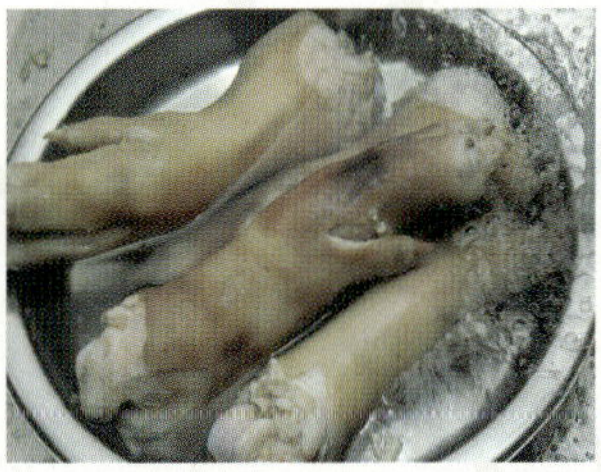

❸

❹

❺

❻

❼

❽

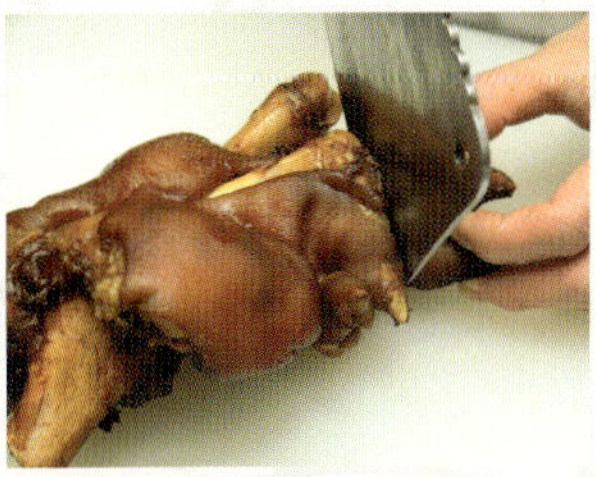

❾

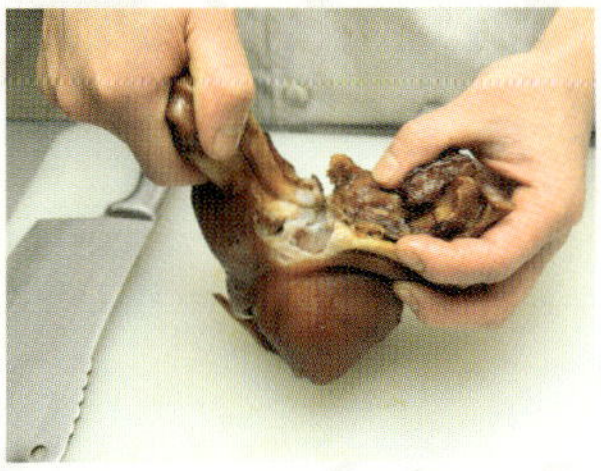

❿

lǔ zhū xià shuǐ　lǔ zhū gān　lǔ jī dàn

鹵猪下水 鹵猪肝 鹵鷄蛋

돼지내장, 간 및 계란조림

주재료
돼지간 300g
돼지내장 각 300g씩
계란 5개

부재료
※万用鹵汁(간장소스)
재료 참고(p.62)

01 돼지내장은 먼저 깨끗이 씻어서 핏물을 제거하고 끓는 물에 20분 정도 삶아서 건져낸 뒤 흐르는 물에 30분간 담가 놓는다. (그림 ❶~❸)

02 만용로즙을 끓여서 모든 내장을 넣고 중불에 30분간 끓인다. 계란도 한번 삶아 껍질을 까서 같이 넣고 끓인다. (그림 ❹)

03 간장소스에 잠겨있는 내장을 한번 뒤집어주고 불을 약하게 조절한 뒤 소스가 부족하면 보충한다. (그림 ❺)

04 10분 정도 더 끓이다가 불을 끄고 내장이 소스에 잠겨있는 상태로 1시간 정도 둔다. 소스가 식으면서 완전히 스며들면 꺼내서 알맞게 썰어 낸다. (그림 ❻~❼)

●● 猪下水[zhū xia shuī]란 식용으로 먹을 수 있는 돼지내장을 말한다.

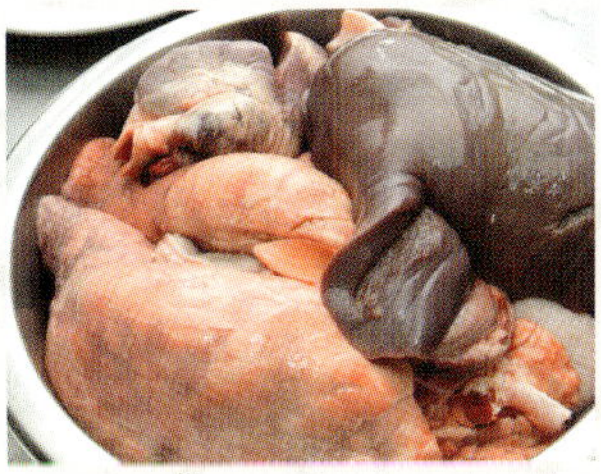
❶

❷

❸

❹

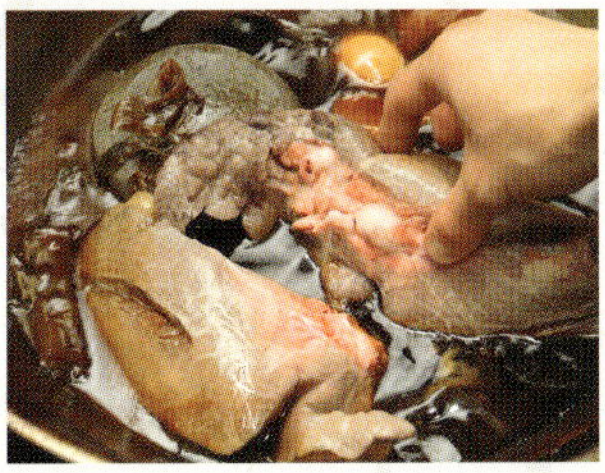
❺

❻

❼

완성

완성

lǔ jī zhūn lǔ jī jiǎo

鹵鷄肫 鹵鷄脚

닭모래주머니, 닭발조림

주재료
닭발 1kg
닭모래주머니 1kg
대파 1대, 생강 1쪽

부재료
※万用鹵汁(간장소스) 재료 참고(p.62)

01 닭발과 모래주머니는 먼저 깨끗이 씻어서 끓는 물에 20분 정도 삶은 다음 흐르는 물에 담가 둔다. (그림 ❶~❸)

02 만용로즙 향신소스를 끓여서 준비한다. (그림 ❹)

03 큰 냄비에 향신료 소스를 끓여서 닭발과 닭모래주머니를 넣고 로추로 색상을 맞춘 뒤 먼저 센 불에 10분 정도 끓인다. 다시 중불에서 20분간 끓인 뒤 불을 끈다. (그림 ❺~❼)

●● 방금 끓여 낸 닭발과 모래주머니는 소스가 천천히 흡수되도록 30분 정도 담가 두어야 맛과 향이 배기 때문에 바로 꺼내 사용하지 않는 것이 원칙이다.

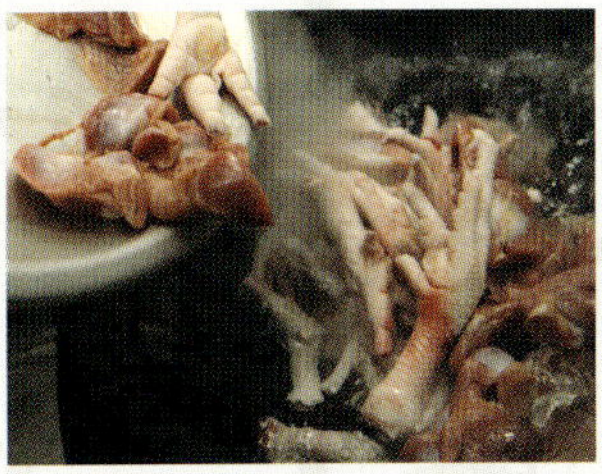
❶

❷

❸

❹

❺

❻

❼

lǔ hǎi luó lǔ zhāng yú

鹵海螺 鹵章魚

소라, 문어조림

주재료

참소라 10개
문어 500g
오이, 파, 마늘 약간씩

부재료

※万用鹵汁(간장소스)
재료 참고(p.62)

01 참소라와 문어를 끓는 물에 데쳐낸다. (그림 ❶)

02 찜통에 들어갈 용기에 鹵汁(간장소스) 재료를 끓여서 붓고, 데쳐낸 문어와 소라살, 파, 생강을 넣은 뒤 찜통에 1시간 정도 쪄낸다. (그림 ❷~❻)

●● 용기에 잠긴 소라와 문어는 바로 꺼내 썰지 말고, 용기에서 30분 정도 잠긴 상태로 두었다가 소스가 완전히 식으면 얇게 썰어 오이와 파 등 양념소스와 같이 버무려서 차갑게 먹는다.

❶

❷

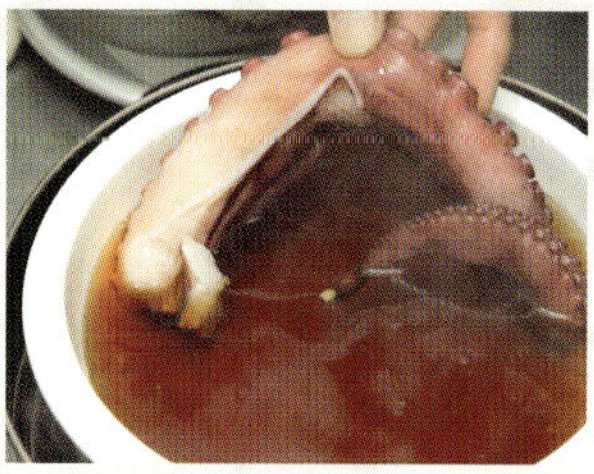

❸

❹

❺

❻

lěng bàn zhū tí

冷拌猪蹄

돼지족냉채

주재료
돼지족 2개

부재료
오이 1개, 고수 약간

냉채소스
육수(또는 물) 5큰술, 설탕 3큰술
소금 $\frac{1}{2}$큰술, 식초 2큰술
조미료 약간, 마늘 5쪽
참기름 약간

01 식혀낸 돼지족은 얇게 편으로 썰고, 오이는 깨끗이 씻은 뒤 으깨서 3㎝ 정도로 썰어 놓는다. (그림 ❶~❷)

02 먼저 냉채소스를 만들어 놓고, 여기에 마늘을 으깨서 넣는다. (그림 ❸~❹)

03 오이를 접시에 깔고, 위에 편으로 썬 돼지족을 담은 뒤 소스를 약간 끼얹어 낸다.

●● 냉채를 만들기 전에 먼저 돼지족을 鹵汁[lǔ zhī]으로 전처리하고 식혀서 사용한다.
●● 鹵汁 만드는 방법은 p.62 참고.

❶

❷

❸

❹

第四篇 | 中國燴飯 · 炒飯
(중국의 볶음밥 · 덮밥)

中國燴飯 · 炒飯(중국의 볶음밥 · 덮밥)

볶음밥의 기본원칙

밥 한 공기, 계란 한 개 그리고 별도로 약간의 파와 청채가 있으면 간단히 향기로운 볶음밥을 만들어 한 가정의 크고 작은 胃(위)를 만족시킬 수 있다.

볶음밥을 볶을 때 어떻게 해야 맛있게 볶을 수 있는지는 高溫(고온), 大火快炒(센 불에 빨리 볶기)를 이해하면 알 수 있다.

高溫(고온) 볶음 팬과 기름은 사전에 뜨겁게 달궈줘야 한다. 그래야 고온으로 밥을 볶을 때 밥이 팬에 달라붙지 않을 수 있기 때문이다. 고온에 볶은 밥은 비교적 밥알이 살아있는 것처럼 탄력이 있다.

大火快炒(센 불에 빨리 볶기) 팬에 밥을 넣기 전에는 기름이 뜨거워야 한다. 그러나 일단 찬밥을 기름에 넣으면 기름온도가 급격히 떨어지므로 적절한 온도를 유지하기 위해서는 불을 강하게 해야 한다. 불을 강하게 하면 열전달이 빨라져 밥알이 단시간에 볶아지며, 밥이 구수하고 맛있게 느껴진다. 불이 약하고 팬 뒤집는 속도가 느리면 밥알이 딱딱한 느낌을 준다. 그래서 빨리 볶는 법이 중요하다고 볼 수 있다.

chǎo cōng

炒 葱

볶음용 재료 준비

炒葱(초총)은 팬에 파를 볶는다는 뜻으로, 일반 중국음식점에서 모든 요리를 볶기 전에 바로 사용할 수 있도록 미리 파, 마늘, 생강을 썰어 둔 볶음용 재료를 가리키는 용어이기도 하다.

준비과정 : 대파를 4cm 정도로 길게 썰어 다시 1cm 정도로 굵게 썬다. 마늘은 얇은 편으로 썰고, 생강은 곱게 다져서 같이 고루 섞어서 사용한다.

❶

❷

❸

❹

❺

fā hǎi shēn

發海參

해삼 불리는 방법

01 건해삼을 하루 정도 깨끗한 물에 담가 두었다가 다음날 끓는 물에 삶아서 식으면 소금으로 비벼서 깨끗이 씻어 다시 끓인다. (그림 ❶~❹) *사진은 2~3일 경과한 상태이다.

02 두 배 정도 불면 가위로 안쪽으로 잘라서 다시 깨끗한 물에 끓인다. 다음날 해삼 내장을 깨끗이 제거하고 다시 소금으로 비벼 깨끗이 씻어서 끓인다. (그림 ❺~❼)

03 다음날 약간 혼탁해진 물을 갈아주고, 끓이는 방법을 2~3일 정도 반복하면 해삼이 완전히 불려진다. (그림 ❽)

●● 해삼의 종류는 동양에서 작업한 크기가 작은 것부터 서양에서 작업한 비교적 큰 것까지 다양하다. 아래와 같이 불린 해삼은 보통 일제해삼이라고 한다.

❶

❷

❸

❹

❺

❻

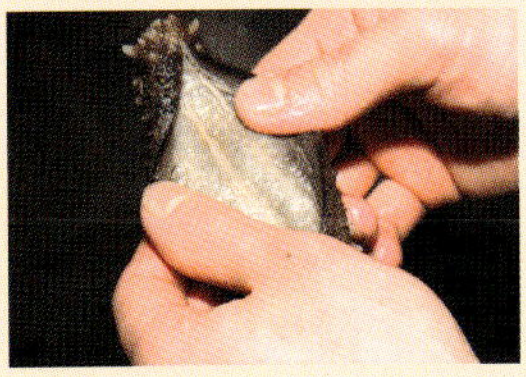
❼

❽

chǎo fàn

炒飯

볶음밥

재료

새우살 100g, 백반 1공기, 계란 1개
당근 50g, 대파 $\frac{1}{2}$대

조미료

식용유 3큰술, 조미료 약간
소금 2작은술, 참기름 약간

01 대파와 당근은 다지듯 작게 썰고, 계란은 풀어 놓고 새우는 미리 삶아서 준비한다. (그림 ❶~❹)

02 볶음밥에 사용하는 밥은 약간 되게 만들어서 준비한다.

03 잘 달궈진 기름 팬에 기름을 넣고 여기에 풀어낸 계란을 넣는다. 국자로 계란을 조금씩 저으며볶은 뒤 밥을 넣어 볶아주면서 파, 당근, 새우를 넣고 골고루 볶는다. (그림 ❺~❼)

04 밥이 적당히 볶아지면 여기에 소금 간을 하고 참기름을 살짝 뿌려서 다시 볶아 낸다. (그림 ❽~❿)

●● X.O볶음밥은 시중에서 판매하는 X.O장을 같이 넣어 볶아주면 된다.

❶

❷

❸

❹

전처리 재료

❺

❻

❼

❽

❾

❿

chǎo ròu fàn

炒肉飯

잡채밥

주재료
돼지고기 80g, 당면 50g

부재료
양파 100g, 배추 50g
당근, 부추 약간, 목이버섯 3장
炒葱 약간

조미료
파기름 2큰술, 간장 1큰술, 청주 1큰술
굴소스 1큰술, 육수 $\frac{1}{2}$컵
조미료, 후추 약간씩, 참기름 약간

01 **양파, 배추, 당근은** 채로 썰고 목이버섯은 불려서 다듬어 놓는다. 당면은 미리 물에 담가 불려 놓고, 돼지고기는 얇게 저며서 5㎝ 길이로 가늘게 채 썰어 놓는다. 볶음용 파, 마늘, 생강을 준비한다. (그림 ❶~❸)

02 **팬에 기름을** 두르고 뜨거워지면 먼저 고기, 炒葱을 넣어 볶은 뒤, 간장, 청주를 같이 넣어 볶다가 나머지 야채를 넣어 볶는다. (그림 ❹~❻)

03 **여기에 양념** 조미료로 간을 하고, 불려 놓은 당면을 끓는 물에 데쳐서 부추와 같이 넣어 볶은 뒤 참기름을 치고 버무려 낸다. (그림 ❼~❾)

●● 잡채밥에 같이 담는 밥은 보통 밑간하지 않고 계란과 파를 넣어 볶아서 내면 되고, 볶지 않은 밥을 내도 무관하다.

❶

❷

❸

전처리재료

❹

❺

❻

❼

❽

❾

❿

bá bǎo huì fàn

八宝燴飯

잡탕밥(중국명 : 팔보덮밥)

주재료

불린 해삼 30g, 중새우 2마리
갑오징어 몸살 50g, 소라살 50g, 패주 50g

부재료

표고버섯 1장, 죽순 $\frac{1}{4}$개, 양송이 2개
청 · 홍피망 약간씩
炒葱 약간

조미료

파기름(고추기름) 3큰술, 간장 1큰술
청주 1큰술, 육수 $\frac{1}{2}$컵, 굴소스 $\frac{1}{2}$큰술
조미료 약간, 후춧가루 약간
녹말물 1큰술, 참기름 약간

01 **갑오징어** 몸살은 손질하여 안쪽으로 먼저 잔 칼집을 넣고 다시 반대쪽으로 깊게 칼집을 내서 4㎝ 크기로 썬다. 소라, 패주도 손질하여 편으로 썰고, 중새우도 등 쪽에 칼집을 낸다. 표고, 죽순, 양송이, 청 · 홍피망도 같은 크기로 썰어 놓는다. (그림 ❶~❸) *炒葱도 준비한다.

02 **파, 마늘, 생강을** 제외한 모든 재료를 끓는 물에 살짝 데쳐낸다. (그림 ❹)

03 **팬에** 파기름을 두르고 뜨거워지면 파, 마늘, 생강을 넣어 볶다가 간장, 청주로 향을 낸 다음 끓는 물에 데쳐낸 모든 재료를 같이 넣어 볶다가 육수를 붓고 조미료로 간을 한다. (그림 ❺~❼)

04 **육수가** 끓으면 녹말물을 넣어 걸쭉하게 만든 뒤 참기름을 살짝 치고 볶아 낸다. (그림 ❽~❿)

●● 잡탕밥에 담는 밥은 보통 밑간하지 않고 계란과 파만 넣어 볶는다. 담백하게 먹고 싶을 때는 맨밥을 이용해도 상관없다.

❶

❷

❸

전처리재료

❹

❺

❻

❼

❽

❾

❿

sōng róng huì fàn

松茸燴飯

송이덮밥

주재료

쇠안심 80g, 청주, 간장 1작은술씩
계란, 녹말 약간씩

부재료

자연송이 100g, 청채 약간
炒葱 약간

조미료

파기름 1큰술, 육수 $\frac{1}{2}$컵, 간장, 청주 1큰술씩
굴소스 1큰술, 조미료, 후추 약간씩
녹말물 1큰술, 참기름 약간, 튀김기름 1컵
※밥 1공기

01 **쇠안심은** 편으로 얇게 썰어서 간장, 청주로 밑간한 후 계란, 녹말을 입혀 기름에 튀겨낸다. (그림 ❶~❹)

02 **자연송이와** 청경채는 편으로 썰어 끓는 물에 데쳐 놓는다. (그림 ❺)

03 **팬에** 기름을 두른 뒤 뜨거워지면 炒葱을 넣는다. 여기에 간장, 청주로 향을 내고 바로 데쳐낸 송이와 청채를 넣어 볶은 다음 육수를 붓는다. (그림 ❻)

04 **소스가** 끓으면 조미료로 양념을 하고 바로 튀겨낸 쇠고기를 넣어 녹말물로 걸쭉하게 만든 뒤 참기름을 치고 낸다. (그림 ❼~❽)

●● 쇠고기 혹은 쇠안심은 미리 전처리 과정(滑[huá])을 거쳐 송이와 같이 볶는다.

❶

❷

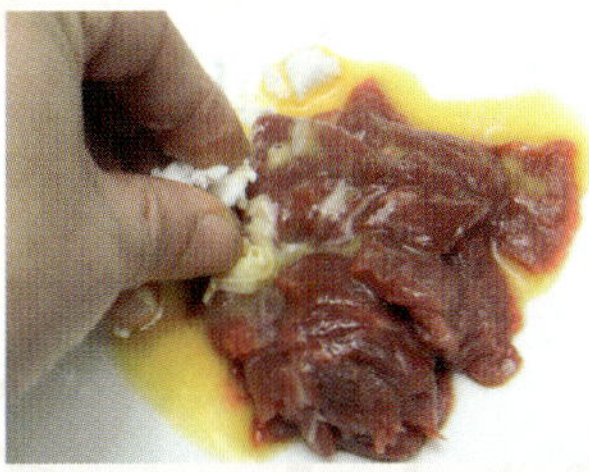

❸

❹

❺

❻

❼

❽

má pó dòu fǔ fàn

麻婆豆腐飯

마파두부밥

주재료

연두부 1팩, 쇠고기 60g

부재료

대파 $\frac{1}{2}$대, 마늘 3쪽

생강, 홍고추 약간씩

조미료

고추기름 3큰술, 두반장 1큰술, 간장 1작은술

청주 1큰술, 육수(또는 물) 1컵, 굴소스 1큰술

설탕 2작은술, 후추, 조미료 약간씩

녹말물 1큰술, 참기름 약간

※밥 1공기

01 연두부는 2㎝ 정도의 정방형으로 썰고, 대파와 홍고추, 마늘, 생강 등의 채소는 모두 잘게 썰어 놓는다. 쇠고기도 잘 다져서 준비한다. (그림 ❶~❷)

02 팬에 고추기름을 두르고 뜨거워지면 파, 생강, 마늘과 다진 쇠고기를 넣어 볶다가 간장, 청주로 향을 내어 두반장을 넣고 볶은 다음 육수와 굴소스, 조미료, 후추, 설탕을 넣어 끓인다. (그림 ❸~❺)

03 연두부를 끓는 물에 살짝 데친 뒤 팬에 넣고 중불에 약간 끓이다가 녹말물을 풀어 걸쭉하게 만든 뒤 참기름을 치고 밥에 덮는다. (그림 ❻~❾)

●● 기존 각두부를 이용해도 되지만 부드럽게 먹기 위해서 연두부를 사용해도 된다. 연두부를 소스에 조릴 때는 센 불에 빨리 볶으면 연두부가 흐트러질 수 있으니 중불에서 연두부가 깨지지 않게 조려야 한다.

❶

❷

❸

❹

❺

❻

❼

❽

❾

liū sān sī fàn

溜三絲飯

류산슬밥

주재료

불린 해삼 50g, 중새우살 2마리
돼지고기 30g, 계란 흰자 약간
녹말가루 1큰술

부재료

표고버섯 2장, 팽이버섯, 죽순 약간씩
부추, 炒葱 약간씩

조미료

식용유 2큰술, 간장, 청주 1큰술씩, 육수 1컵
굴소스 1큰술, 조미료, 후추, 참기름 약간씩
녹말물 1큰술, 볶음밥 1인분

01 불린 해삼과 고기는 채로 썰고, 모든 야채도 채로 썰어 놓는다. 새우와 돼지고기는 밑간하여 계란 흰자와 녹말을 묻혀서 미리 기름에 튀겨 놓는다. (그림 ❶~❷)

02 팽이버섯과 부추를 제외한 모든 재료는 끓는 물에 데쳐준 뒤 물기를 제거한다. (그림 ❸)

03 팬에 기름을 두르고 炒葱을 넣어 간장, 청주로 향을 내고 데쳐낸 재료를 넣어 볶다가 육수를 붓고 조미료로 간을 한다. 소스가 끓으면 여기에 튀겨낸 새우와 고기, 부추를 넣고 녹말물을 풀어 걸쭉하게 만든 뒤 참기름을 치고 낸다. (그림 ❹~❺)

●● 류산슬밥에 들어가는 해산물은 계절에 따라 조금씩 다르게 넣어도 된다. 다만 모든 재료를 부드럽게 조리하기 위해서 최대한 곱게 채로 썰어 사용한다(류산슬에 볶음밥은 간을 하지 않고 볶아서 사용한다).

❶

❷

❸

❹

❺

yàng cōng niú ròu fàn

洋葱牛肉飯

쇠고기양파덮밥

주재료
쇠고기 120g, 청주, 간장 1작은술씩
계란, 녹말 약간씩

부재료
양파 150g, 피망, 炒葱 약간씩

조미료
파기름 2큰술, 간장, 청주 1큰술씩
굴소스 ½큰술, 조미료, 후추 약간씩
참기름 약간, 튀김기름 1컵
※밥 1공기

01 쇠고기는 얇게 편으로 썰고, 양파는 채로 썰어 준비한다. 피망도 큼직하게 썰어 놓는다. (그림 ❶)

02 얇게 썬 쇠고기를 간장, 청주로 밑간하여 계란, 녹말을 살짝 입혀서 기름에 미리 튀겨낸다. (그림 ❷~❸)

03 팬에 기름을 두르고 가열되면 炒葱을 넣고 간장, 청주로 향을 낸 다음 바로 양파, 피망을 넣어 볶는다. (그림 ❹)

04 양파가 익으면 미리 익혀낸 쇠고기를 넣고 조미료로 간을 하여 센 불에서 빨리 볶아 철판에 담는다. (그림 ❺~❻)

●● 철판을 이용하는 요리는 완성된 음식을 담기 직전에 미리 철판을 뜨겁게 달궈준다. 쇠고기는 먼저 滑[huá](밑간하여 익혀 놓기) 하여 양파를 볶을 때 넣어야 부드럽다.

❶

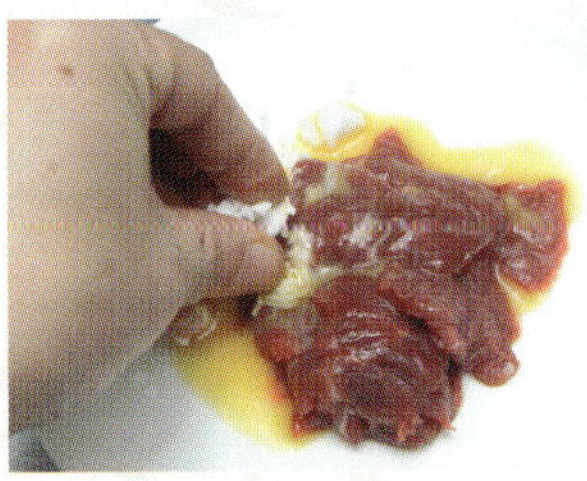
❷

❸

❹

❺

❻

sān xiān chǎo fàn

三鮮炒飯

삼선볶음밥

재료

오징어, 새우살, 해삼 약간씩
백반 1공기, 계란 1개
혼합 야채 약간씩
대파 약간

조미료

식용유 2큰술, 청주 1작은술
조미료 약간, 소금 2작은술
참기름 약간

01 해삼, 갑오징어는 2㎝ 크기로 썰고, 혼합 야채는 2큰술 정도 준비한다. 파는 송송 썰고, 계란은 풀어서 준비한다. 썰어낸 해물은 끓는 물에 데쳐서 준비한다. (그림 ❶~❷)

02 잘 달궈진 팬에 기름을 넣고 풀어낸 계란을 넣는다. 계란이 풀어져 익으면 데쳐낸 해물을 넣어 같이 볶고 소금 간을 하여 먼저 작은 탕그릇에 담는다. (그림 ❸~❹)

03 다시 팬에 밥을 볶은 뒤 미리 볶아낸 해물 탕그릇에 담는다. 국자로 꾹 눌러 완성접시에 뒤집어 담아 놓고, 탕그릇을 들어 올린다. (그림 ❺~❼)

❶

❷

❸

❹

❺

❻

❼

xiè dàn huì fàn

蟹蛋燴飯

게살계란덮밥

재료
게살 100g, 계란 2개
청채(시금치) 약간, 대파 약간
백반 1공기

조미료
식용유 5큰술, 육수 1컵
간장 2큰술, 청주 1큰술
조미료 약간, 소금 1큰술
참기름 약간, 녹말물 1큰술

01 그릇에 계란을 넣고 게살은 손으로 곱게 찢어서 파와 같이 넣어 젓가락으로 풀어준다. (그림 ❶~❷)

02 잘 달궈진 팬에 기름을 두르고 계란과 게살을 섞은 것을 전 지지듯 앞뒤로 노릇하게 지져준다. (그림 ❸~❹)

03 잘 지져낸 계란전병을 밥 위에 덮어준다. (그림 ❺) *밥은 볶아서 사용해도 된다.

04 팬에 육수를 붓고 간장, 청주, 조미료로 간을 한다. 끓으면 청채나 시금치를 넣고 녹말물을 풀어 걸쭉하게 만든 뒤 계란덮밥에 넉넉하게 붓는다. (그림 ❻~❼)

❶

❷

❸

❹

❺

❻

❼

bō luó chǎo fàn

波蘿炒飯

파라볶음밥

주재료

파인애플 $\frac{1}{2}$개, 백반 1공기
계란(풀어서) 1개

부재료

베이컨 70g, 청 · 홍피망 $\frac{1}{4}$개씩
대파 $\frac{1}{4}$개

조미료

식용유 3큰술, 맛소금 1큰술
참기름 약간

01 **베이컨은** 작게 썰어서 기름에 한번 튀겨낸다. 야채와 파인애플은 작게 썰어서 준비한다. (그림 전처리재료)

02 **팬에** 식용유를 두르고 뜨겁게 달군 뒤 계란을 풀어서 넣는다. 국자로 계란을 익게끔 볶은 뒤 여기에 맛소금으로 간을 한다. (그림 ❶~❷)

03 **팬에** 미리 썰어 놓은 야채와 베이컨을 넣고 볶아준다. (그림 ❸)

04 **여기에** 백반을 넣고 국자 뒷면으로 골고루 눌러주며 볶는다. (그림 ❹~❺)

05 **마지막으로** 썰어 놓은 파인애플을 넣어 버무리듯 볶아주면서 미리 준비한 파인애플 속에 담아 낸다. (그림 ❻~❼)

전처리재료

❶

❷

❸

❹

❺

❻

❼

第五篇 | 中國面点
(중국의 면과 띰섬)

shǒu la miàn

手拉麵

수타면 만들기

재료

밀가루(중력) 1kg
물 450cc
빙소다 약간
소금 1큰술

01 **먼저** 밀가루 1kg을 믹싱볼에 넣고, 찬물 450cc에 소금을 넣어 녹여서 밀가루 중앙에 부어 반죽을 한다. (그림 ❶~❹)

02 **손으로** 밀가루 반죽을 잘 치대어 랩이나 면포로 덮어서 1시간 정도 숙성시킨다. (그림 ❺~❻)

03 **반죽한** 밀가루를 집어서 끈기가 생기면 손바닥으로 힘주어 밀어준다. (그림 ❼~❽)

04 **밀가루 반죽이** 자연스럽게 늘어지면 여러 차례 판에 쳐주면서 끈기를 살려준다. (그림 ❾~❿) *이때 소다물을 반죽에 발라주면서 쳐준다.

05 **반죽을** 길게 늘려주면서 꽈배기 꼬듯 왼쪽으로 돌리고, 오른쪽으로 돌려 가며 균형을 맞추면서 면 가락 낼 준비를 한다. (그림 ⓫)

06 **양쪽 끝의** 밀가루 반죽을 한쪽으로 합치고 중간에 손가락을 넣어 잡아당기듯 늘려준다. (그림 ⓬)

07 **6번 정도 합쳐서** 늘리면 64가락의 면발이 생기고, 약간 가늘게 만들려면 한 번 더 합쳐 늘려주면 128가락이 된다. (그림 ⓭~⓮)

08 **원하는 만큼** 가락을 만들어 끓는 물에 삶는다. 이때 면발이 위로 올라오면 나무젓가락으로 뒤집어주고 찬물을 조금씩 부어 2번 정도 끓어오르게 삶아준다. (그림 ⓯~⓰)

09 **잘 삶은 면발을** 건져서 깨끗한 물에 두세 번 헹구어주고 필요할 때 다시 끓는 물에 데쳐서 담는다. (⓱~⓴)

●●빙소다는 그릇에 담아 두면 상온에 서서히 녹아 소다물이 된다.

●●수타 반죽을 쳐주는 과정에서 소다물을 반죽에 조금씩 발라주면 면발이 쫄깃하고 탄력 있게 된다.

❶

❷

❸

❹

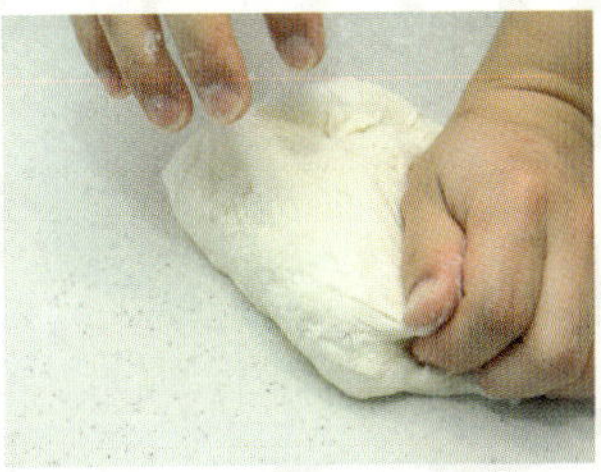

❺

❻

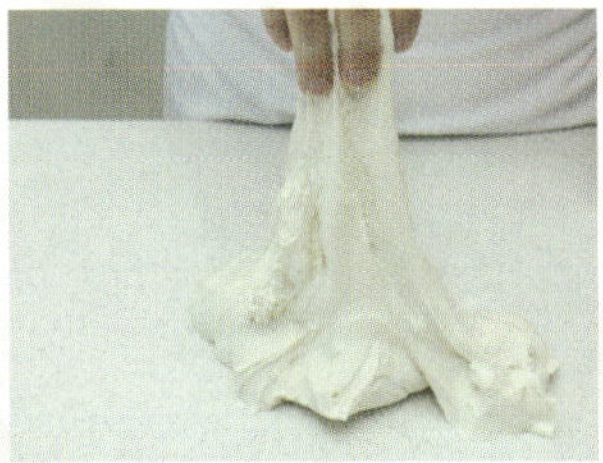

❼

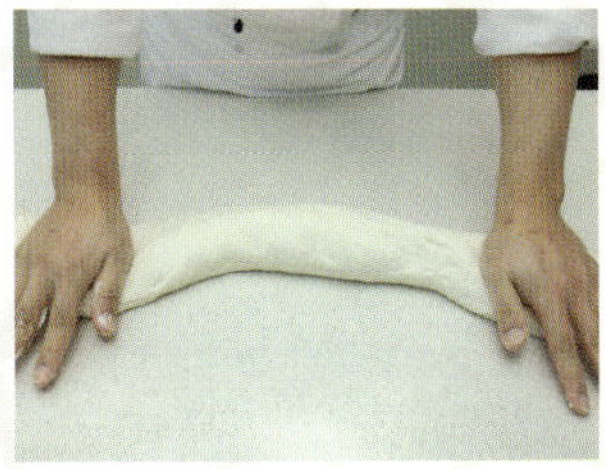

❽

❾

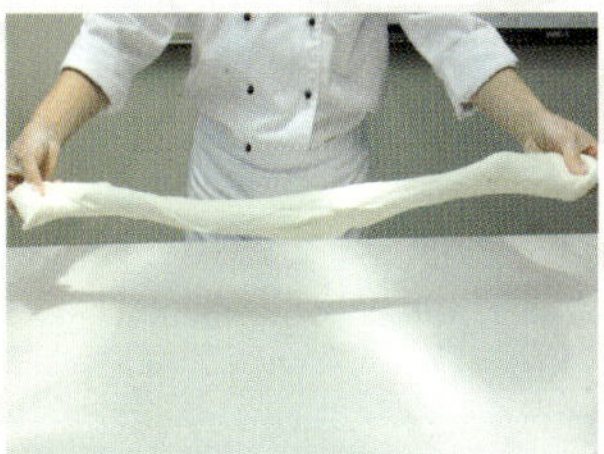

❿

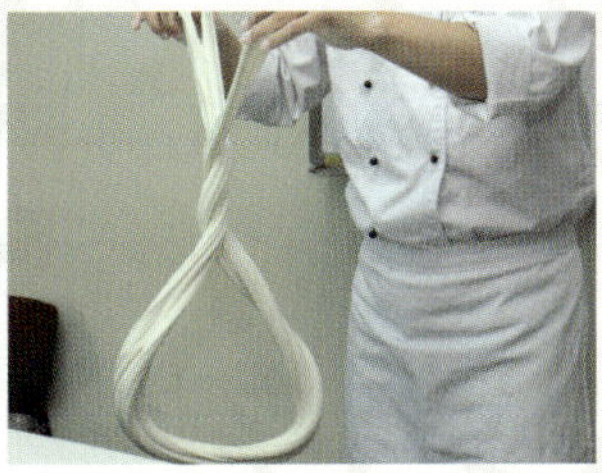

⓫

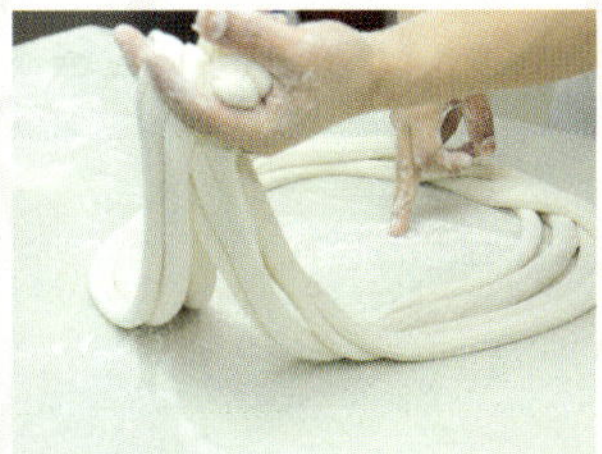

⓬

⓭

⓮

⓯

⓰

⓱

⓲

⓳

⓴

zhá jiàng miàn

炸醬麵

자장면

주재료

고기 100g, 새우살 100g
해산물(오징어) 100g
생자장 200g, 튀김기름 1컵

부재료

생국수 5인분, 양파 2개
호박 $\frac{1}{2}$개, 오이 $\frac{1}{2}$개, 생강 1쪽

조미료

파기름 5큰술, 간장 1큰술, 청주 1큰술
육수 1컵, 조미료 약간, 소금 약간
설탕 1큰술, 참기름 약간, 녹말물 3큰술

01 양파와 호박은 작은 사각 모양으로 썰어 놓고, 생강은 다져 놓는다. 고기와 오징어, 새우도 작은 크기로 썰어 놓는다. (그림 ❶~❸) *오징어나 새우는 끓는 물에 미리 데쳐 놓는다.

02 팬에 기름을 두르고 뜨거워지면 먼저 생강(다진 것), 양파(약간)와 고기를 넣어 볶다가 간장, 청주를 넣어 향을 내고 고기가 익으면 다시 나머지 양파를 넣고 잘 익도록 고루 볶아준다. (그림 ❹~❻)

03 양파가 충분히 익으면 기름에 볶아낸 자장을 적당히 넣고 자장 색을 알맞게 하여 고루 볶는다. 조미료와 새우, 오징어를 넣고 육수를 부어 끓으면 녹말물로 걸쭉하게 하여 참기름을 약간 쳐서 낸다. (그림 ❼~⓫)

04 잘 삶아낸 우동국수는 끓는 물에 뜨겁게 데쳐서 그릇에 담아 자장 소스를 붓고 오이채를 곱게 썰어서 올려놓는다. (그림 ⓬)

생자장 전처리 과정

●● 팬에 생자장이 잠길 정도의 기름을 넣고, 기름이 120℃ 정도로 뜨거워지면 생자장을 넣어 팬에 눋지 않게(타지 않게) 볶아 놓는다.

❶

❷

❸

❹

❺

❻

❼

❽

❾

❿

⓫

⓬

dà lǔ miàn

大滷麵

우동면

주재료

돼지고기 50g, 새우살 50g, 오징어 50g
해삼 50g, 소라 50g, 계란 1개

부재료

당근 약간, 죽순(배추, 양파) 약간씩
목이버섯 5장, 양송이 2개, 청경채 1개
炒葱 약간, 국수 2인분

조미료

육수 5컵, 간장 1작은술, 청주 1큰술
소금 2큰술, 후춧가루 약간, 참기름 약간

01 해삼, 오징어, 소라는 손질하여 편으로 썰고, 고기는 얇고 넓적하게 편으로 썬다. 당근, 죽순, 양송이도 편으로 썰고, 청경채도 같은 크기로 썬다. 목이버섯은 불려서 사용한다. (그림 ❶~❷)

02 모든 야채는 먼저 끓는 물에 살짝 데쳐낸다.

03 팬에 육수를 넉넉히 붓고 청주, 간장, 炒葱을 넣어 끓이다가, 데쳐낸 야채와 해물을 넣고 조미료, 소금, 후춧가루로 간을 한다. (그림 ❸~❹)

04 탕이 끓으면 잡물을 걷어낸 후 계란을 부드럽게 풀어주고 참기름을 쳐서 국수에 부어 낸다. (그림 ❺~❻)

❶

❷

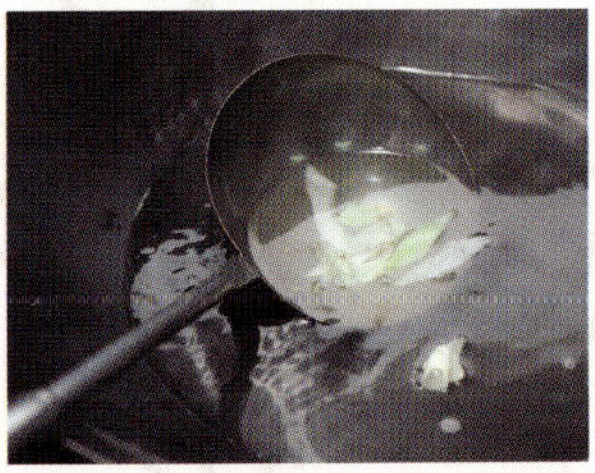

❸

❹

❺

❻

wēn lǔ miàn

溫滷麵

삼선울면

주재료

돼지고기 50g, 새우살 50g
오징어 50g, 해삼 50g, 소라 50g, 계란 1개

부재료

당근 약간, 죽순(배추, 양파) 약간
목이버섯 5장, 양송이 2개, 청경채 1개
炒葱 약간, 국수 2인분

조미료

육수 5컵, 간장 1작은술, 청주 1큰술
소금 2큰술, 조미료 약간, 후춧가루 약간
참기름 약간, 녹말물 2큰술

01 해삼, 오징어, 소라는 손질하여 편으로 썰고, 고기는 얇고 넓적하게 편으로 썰어 준비한다. 당근, 죽순, 양송이는 편으로 썰고, 청경채도 같은 크기로 썬다. 생강은 곱게 다져 놓고, 목이버섯은 물에 불려서 뜯어 놓는다. (그림 ❶~❷)

02 모든 야채는 끓는 물에 살짝 데쳐낸다.

03 팬에 육수를 넉넉히 붓고 청주, 간장, 炒葱을 넣어 끓이다가 야채와 해물을 넣고 조미료, 소금, 후춧가루로 간을 한다. (그림 ❸)

04 탕이 끓으면 잡물을 걷어낸 후 먼저 녹말물로 걸쭉하게 농도를 맞춘 뒤 계란을 풀어서 넣고 참기름을 쳐서 국수에 부어 낸다. (그림 ❹~❼)

❶

❷

❸

❹

❺

❻

❼

zhū tí miàn

猪蹄麵

돈족탕면

주재료

돼지족(소) 1개, 국수 2인분

부재료

숙주나물 50g, 청채(시금치) 2개
炒葱 약간

조미료

鹵汁(장소스) $\frac{1}{2}$컵, 육수 5컵
청주 1큰술, 간장 1큰술
조미료 약간, 소금 2큰술
후추 약간, 참기름 약간

01 돼지족을 먼저 큰 뼈는 발라서 먹기 좋은 크기로 썰어 놓는다. (그림 ❶)

02 팬에 육수를 붓고 여기에 鹵汁(장소스)을 넣어 조미료와 같이 끓인다. (그림 ❷~❸)

03 육수가 끓으면 숙주를 다듬어서 청채(시금치)와 함께 넣고 살짝 데친 후, 바로 준비한 면에 붓고 썰어 놓은 돼지족을 얹어 낸다. 파도 송송 썰어 뿌린다. (그림 ❹~❻)

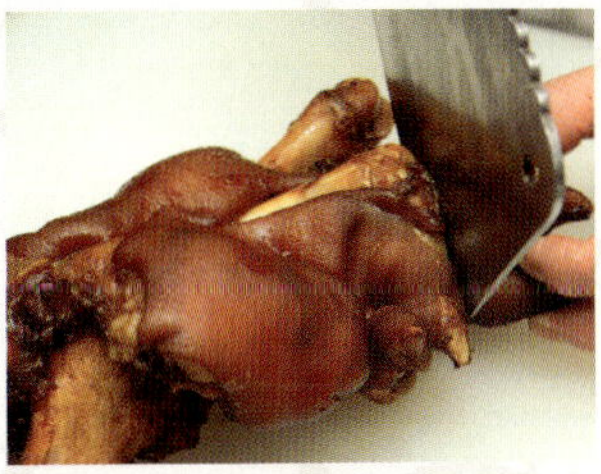

❶

❷

❸

❹

❺

❻

niú ròu tāng miàn

牛肉湯麵

우육탕면

주재료

쇠고기 80g, 계란, 녹말 약간씩
튀김기름 1컵, 녹말물 1큰술, 국수 2인분

부재료

표고 2장, 죽순 $\frac{1}{4}$개, 청경채 2개
炒葱 약간

조미료1(볶음소스용)

파기름 1큰술, 육수 $\frac{1}{2}$컵, 간장 1큰술
청주 1큰술, 굴소스 $\frac{1}{2}$큰술, 물녹말 $\frac{1}{2}$큰술

조미료2(탕소스용)

육수 5컵, 간장 3큰술, 청주 1큰술, 조미료 약간
소금 2큰술, 후추 약간, 참기름 약간

01 표고, 죽순, 청경채, 양송이는 편으로 썰고, 쇠고기도 넓적하게 편으로 썰어 놓는다. (그림 ❶~❸) *炒葱도 준비한다.

02 먼저 쇠고기를 간장, 청주로 밑간하여 계란과 녹말을 넣어 버무리고, 팬에 고기가 잠길 정도의 기름을 넣어 뜨거워지면 중불에 쇠고기를 익혀낸다. (그림 ❹~❺)

03 팬에 기름을 넣고 뜨거워지면 먼저 炒葱을 넣어 볶다가 간장, 청주로 향을 내고 야채를 끓는 물에 데친 후 같이 넣어 볶아준다. (그림 ❻~❼)

04 야채가 충분히 익으면 조미료1의 육수를 붓고 조미료1의 양념으로 간을 한다. 바로 익혀낸 쇠고기를 넣고 녹말물로 걸쭉하게 만들어 국수에 올려 담는다. (그림 ❽~❿)

05 팬에 조미료2의 육수를 붓고 여기에 조미료2의 양념으로 간을 하여 끓으면 참기름을 치고 국수에 부어 낸다. 파는 송송 썰어서 뿌린다. (그림 ⓫) *야채탕면 사진 참조(p.117)

❶

❷

❸

❹

❺

❻

❼

❽

❾

❿

⓫

shū cài tāng miàn

蔬菜湯麵

야채탕면

재료

표고 4장, 죽순 $\frac{1}{2}$개, 당근 $\frac{1}{2}$개
양파 $\frac{1}{2}$개, 청경채 2개, 완두콩 약간
생강, 파 약간, 국수 2인분

조미료1(볶음소스용)

파기름 1큰술, 간장 $\frac{1}{2}$큰술, 청주 1큰술
육수 $\frac{1}{2}$컵, 굴소스 $\frac{1}{2}$큰술, 녹말물 $\frac{1}{2}$큰술

조미료2(탕소스용)

육수 5컵, 간장 3큰술, 청주 1큰술
조미료 약간, 소금 2큰술, 후추 약간
참기름 약간

01 표고버섯, 죽순, 당근, 양파는 사방 1㎝ 정도 크기로 썰고, 청경채는 깨끗이 씻어 다듬어 주고, 생강은 곱게 다져서 준비한다. (그림 ❶~❷)

02 팬에 기름을 두르고 뜨거워지면 먼저 양파 약간과 생강을 넣어 볶다가 간장, 청주로 향을 내고 다시 나머지 야채를 넣고 잘 익도록 고루 볶아준다. (그림 ❸~❹)

03 야채가 충분히 익으면 조미료1의 육수를 야채에 붓고 여기에 조미료1의 양념으로 간을 한다. 끓으면 녹말물로 걸쭉하게 만든 뒤 국수에 올려 담는다. (그림 ❺~❼)

04 팬에 조미료2의 육수를 붓고 조미료2의 양념으로 간한 다음 청경채를 넣는다. 끓으면 참기름을 쳐서 국수에 부어 낸다. (그림 ❽~❿) *파는 송송 썰어서 뿌린다.

❶

❷

❸

❹

❺

❻

❼

❽

❾

❿

sān xiān chǎo miàn

三鲜炒麵

삼선초면

주재료

고기 50g, 새우살 50g, 갑오징어살 50g
해삼 50g, 소라살 50g, 계란면 1인분

부재료

양파 50g, 배추 50g, 표고, 죽순 약간씩
홍고추, 부추, 炒葱 약간씩

조미료

파기름 3큰술, 간장 1큰술, 청주 1큰술
육수 1컵, 조미료, 후추 약간씩, 굴소스 1큰술
참기름 약간, 녹말물 2큰술, 튀김기름

01 마른 계란면을 그릇에 담아 미지근한 물을 부어 5분 정도 불린다. 야채는 가는 채로 썰어 놓고, 고기는 얇게 저며서 채로 썰고, 해삼과 오징어도 채로 썰어 새우와 같이 준비한다(炒葱도 준비한다). (그림 ❶~❷)

02 불린 국수는 물기를 제거하고 뜨거운 기름에 앞뒤로 노릇하게 튀겨서 접시에 소복이 담아낸다. (그림 ❸~❻)

03 팬에 기름을 두르고 뜨거워지면 먼저 고기와 炒葱을 넣고 볶다가 간장, 청주를 넣어 향을 낸다. 고기가 익으면 다시 모든 야채를 넣고 잘 익도록 고루 볶아준다. (그림 ❼~❽)

04 야채가 익으면 여기에 육수를 붓고 해삼, 오징어, 새우를 넣은 뒤 조미료로 간을 한다. 끓으면 녹말물로 걸쭉하게 하여 참기름을 치고 바로 튀겨낸 국수 위에 소스를 끼얹는다. (그림 ❾~⓬)

❶

❷

❸

❹

❺

❻

❼

❽

❾

❿

⓫

⓬

chǎo mǎ miàn

炒碼麵

짬뽕면

주재료

고기 50g, 새우살 50g, 오징어 50g
해삼 50g, 소라살 50g, 국수 2인분

부재료

양파 50g, 배추 50g, 표고, 죽순 약간씩
건고추 2개, 청채, 부추 약간씩
炒葱 약간

조미료

파기름 3큰술, 간장 1큰술, 청주 1큰술
육수 5컵, 조미료 약간, 소금 1큰술
굴소스 1큰술, 후추 약간, 참기름 약간

01 해삼, 오징어, 소라는 손질하여 편으로 썰고, 고기도 가는 채로 썰어 준비한다. 양파와 모든 야채는 채로 썰어 놓는다(炒葱 약간 준비). (그림 ❶~❷)

02 팬에 기름을 두르고 뜨거워지면 건고추와 炒葱, 고기를 먼저 넣어 볶다가 간장, 청주로 향을 내고 바로 야채를 넣어 볶는다. (그림 ❸~❹)

03 야채가 충분히 익으면 여기에 육수를 붓고, 끓으면 해산물을 넣어 조미료로 간을 한다. 팬이 다시 끓어오르면 위에 떠 있는 잡물을 걷어낸 뒤 부추를 넣고 참기름을 쳐서 국수에 부어 낸다. (그림 ❺~❼)

❶

❷

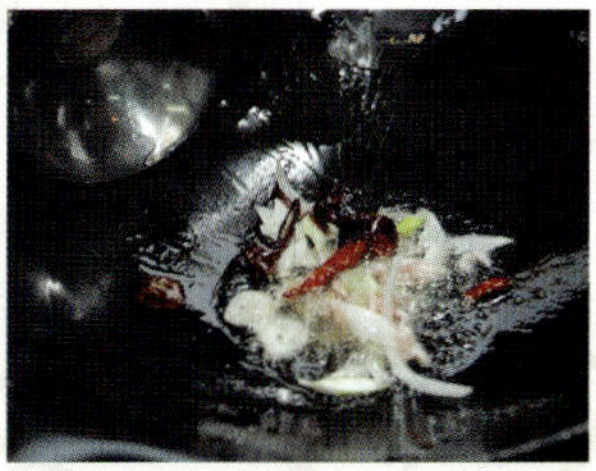

❸

❹

❺

❻

❼

bá zhēn tāng miàn

八珍湯麵

팔진탕면

주재료

고기 50g, 새우살 50g, 오징어 50g
해삼 50g, 소라살 50g, 국수 2인분

부재료

청 · 홍고추 50g씩, 표고, 죽순 약간씩
청채, 부추, 炒葱 약간씩

조미료1(볶음용)

파기름 3큰술, 간장 ½큰술, 청주 ½큰술, 육수 2큰술
굴소스 1작은술, 녹말물 1작은술, 후추, 참기름 약간씩

조미료2(탕용)

육수 5컵, 간장 ½큰술, 청주 ½큰술
조미료 약간, 소금 1큰술

01 해삼, 오징어, 소라는 손질하여 편으로 썰고, 모든 야채도 편으로 썰어 놓는다(炒葱도 약간 준비한다). (그림 ❶~❷)

02 썰어 놓은 해산물과 야채는 먼저 끓는 물에 살짝 데쳐 놓는다. (그림 ❸)

03 팬에 기름을 두르고 뜨거워지면 炒葱을 넣은 다음 바로 간장, 청주로 향을 낸다. 데쳐낸 해물과 야채를 넣어 볶은 뒤 조미료1의 양념으로 간하고 녹말물을 풀어서 국수 위에 담는다. (그림 ❹~❼)

04 깨끗한 팬에 조미료2의 양념과 육수를 끓여서 국수에 부어 낸다. (그림 ❽~❾)

❶

❷

❸

❹

❺

❻

❼

❽

❾

lěng miàn

冷麵

냉면

주재료

장육 4쪽, 중새우 3마리, 해삼 50g
국수 3인분, 계란 1개, 오이피클 $\frac{1}{2}$개

부재료(소스)

가죽나물 2큰술, 겨자소스 3큰술
다진 마늘 $\frac{1}{2}$큰술, 땅콩버터 2큰술

조미료(육수양념)

육수 6컵, 청주 1큰술, 간장 $\frac{1}{3}$컵
소금 2큰술, 설탕 3큰술, 식초 3큰술
조미료, 후추 약간씩, 참기름 약간

01 땅콩버터와 끓는 물을 1:1 비율로 섞고 다진 마늘을 넣어 개어준다. 겨자도 숙성시킨 후 식초로 잘 개어서 준비한다. 불린 해삼은 채로 썰어 식초에 살짝 버무리고, 새우는 삶아 놓고, 장육은 채로 썰어 준비한다. 계란은 지단을 부쳐서 곱게 썰고, 오이피클도 채로 썰어 준비한다. (그림 ❶~❷)

02 육수는 미리 양념소스 비율로 끓여서 차갑게 만들어 놓는다. (그림 ❸~❹)

03 국수는 시금치로 즙을 내서 면 반죽을 만들어 삶는다. 찬물에 여러 번 헹구어 물기를 빼고 참기름에 약간 버무려서 그릇에 담은 뒤, 썰어 놓은 여러 가지 고명을 국수 위에 순서대로 올려주고 차게 한 육수를 부어서 낸다. (그림 ❺~❻)

04 준비한 땅콩버터와 겨자소스를 조금씩 넣고, 소금에 절인 가죽나물도 송송 썰어서 곁들인다.

❶

❷

❸

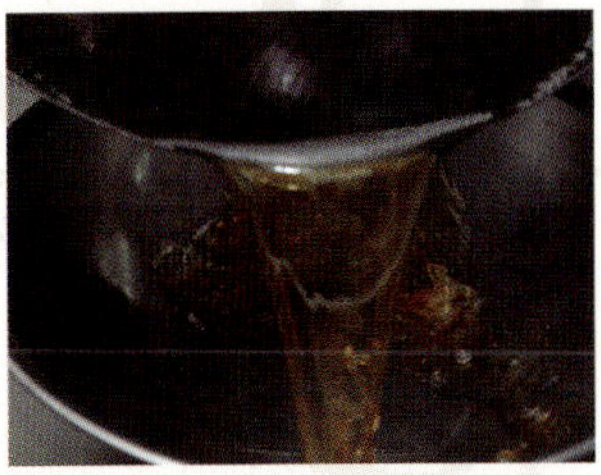

❹

❺

❻

shuǐ chǎo miàn

水炒麵

수초면

주재료

고기 50g, 새우살 50g, 오징어 50g
해삼 50g, 삶은 국수 2인분

부재료

양파 ½개, 표고, 죽순 약간씩
배추 50g, 홍고추 ½개
고수, 炒葱 약간씩

조미료

파기름 3큰술, 간장 1큰술, 청주 1큰술
육수 5컵, 굴소스 1큰술
후추, 참기름 약간씩

01 해삼, 오징어는 손질하여 채 썰고, 고기와 야채도 가늘게 채로 썰어 준비한다(炒葱 약간). (그림 ❶~❷)

02 팬에 파기름을 두르고 뜨거워지면 炒葱과 고기를 넣어 볶다가 간장, 청주로 향을 낸다. 여기에 야채와 해물을 넣어 다시 볶은 뒤 육수를 붓고 조미료로 간을 한다. (그림 ❸~❹)

03 야채가 충분히 익으면 미리 삶아낸 국수를 넣어 볶다가 부추를 넣고 녹말물을 풀어 걸쭉하게 만든 뒤 참기름을 넣는다. 젓가락으로 먼저 국수를 집어서 접시에 담고 나머지 고명은 소복이 올려 담는다. (그림 ❺~❽)

●● 고수는 완성된 수초면 위에 뿌려준다.

❶

❷

❸

❹

❺

❻

❼

❽

dān dān miàn

担担麵

단단면

주재료

파기름 2큰술, 다진 고기 100g
생강 약간, 실파(썬 것) 6큰술
짜사이 1큰술, 시금치 50g, 국수 1인분

조미료1(볶음용)

자장(볶은 것) 100g, 소흥주 1큰술

조미료2(탕소스용)

육수 2컵 반, 간장 2큰술
땅콩버터 2큰술, 식초 1큰술

01 실파와 짜사이는 다져 놓는다. 작은 볼에 조미료2의 땅콩버터와 간장, 식초, 다진 짜사이를 넣어 개어서 준비한다. (그림 ❶~❷)

02 시금치는 깨끗이 씻어서 끓는 물에 살짝 데친 후 5㎝ 정도로 썰어 놓는다. (그림 ❸)

03 팬에 파기름을 두르고 뜨거워지면 다진 고기와 실파를 넣어 볶다가 바로 볶은 자장과 소흥주를 넣고 볶는다. 미리 준비한 국수에 시금치와 같이 고명으로 올려 담는다. (그림 ❹~❻)

04 다시 깨끗한 팬에 조미료2의 육수를 붓고 여기에 개어 놓은 땅콩소스를 넣어 끓인 뒤 그릇에 부어 낸다. (그림 ❼~❽)

❶

❷

❸

❹

❺

❻

❼

❽

shuǐ jiǎo zǐ

水餃子

물만두

주재료(2인분)
다진 돼지고기 100g
원탕(육수) 50cc 배추, 부추 100g씩
대파 $\frac{1}{2}$대, 생강 $\frac{1}{2}$쪽

부재료
밀가루 500g, 소금 2작은술, 물 250cc

조미료
조미료 약간, 간장 1큰술, 청주 1큰술
굴소스, 소금 2작은술씩
후추 약간, 참기름 1큰술

01 배추는 끓는 물에 살짝 데친 뒤 다져서 물기를 꼭 짜주고, 부추는 송송 썰고, 파와 생강도 다져서 준비한다. (그림 ❶~❹)

02 다진 돼지고기는 파 다진 것, 생강, 찬 육수, 간장, 청주, 소금, 후추와 같이 잘 치대어 고기를 부드럽게 풀어준 뒤 여기에 송송 썬 부추를 넣어 섞어준다. (그림 ❺~❼)

03 밀가루는 찬물에 소금을 넣고 반죽을 하여 젖은 면보로 덮어 둔 뒤 다시 잘 치댄다. 가래떡처럼 길게 늘려 밤알 만큼씩 떼어서 둥글고 얇게 직경 6㎝ 정도의 만두피를 만든다. (그림 ❽~⓭)

04 만두피 안에 만두소를 작은 수저로 한 수저씩 떠 놓고 반으로 접어 꼭 눌러 붙인 다음 가운데가 볼록한 삼각형이 되도록 빚는다. (그림 ⓮~⓱)

05 끓는 물에 만두를 넣어 2~3회 삶고, 다시 끓어오르면 물을 조금씩 붓는다. 완전히 익으면 건져내어 찬물에 담갔다가 건져서 접시에 담고 국물을 잘박하게 부어 낸다. (그림 ⓲~⓴)

●● 돼지고기를 연하게 풀 때 찬 육수와 파, 생강을 넣고 많이 치대어 풀어주어야 만두를 씹었을 때 고기의 감촉이 부드럽게 느껴진다.

❶

❷

❸

❹

전처리재료

❺

❻

❼

❽

❾

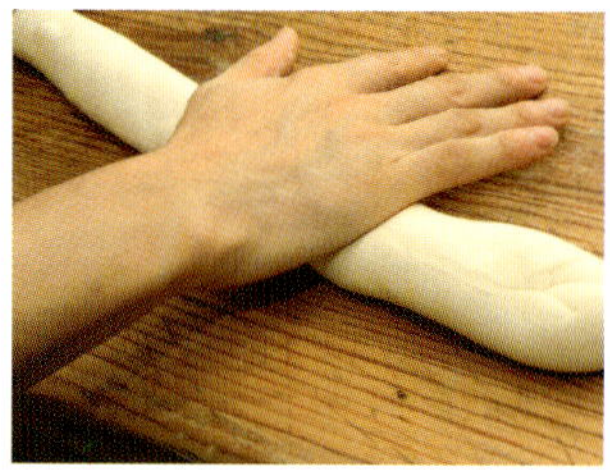

❿

⓫

⓬

⓭

⓮

⓯

⓰

⓱

⓲

⓳

⓴

澄麵皮

등면 만두피 만들기

01 그릇에 등면과 밀가루, 소금을 넣고 끓인 물을 부은 뒤 젓가락으로 고루 뒤적거려 등면이 엉키면 손바닥으로 밀어준다.

❶

❷

❸

❹

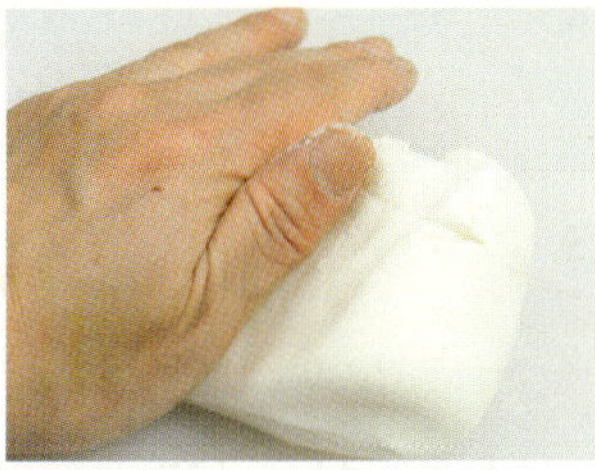

❺

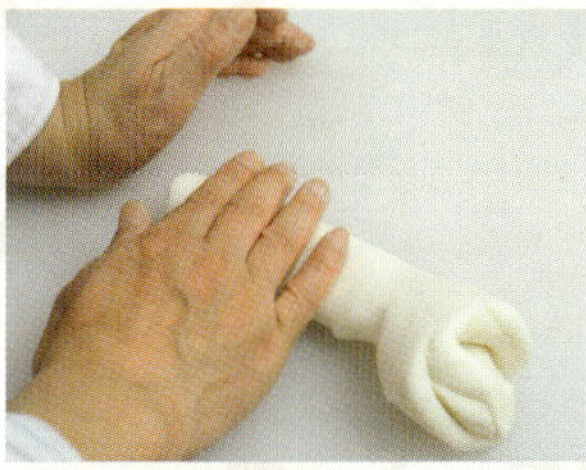

❻

02 등면을 길게 가래떡 모양으로 밀어서 만두피 한 장이 10g 정도가 되도록 썰어 놓은 뒤 다시 손바닥으로 눌러주고, 엄지손가락으로 모양을 잡으며 밀대로 원형의 만두피를 만든다.

❼

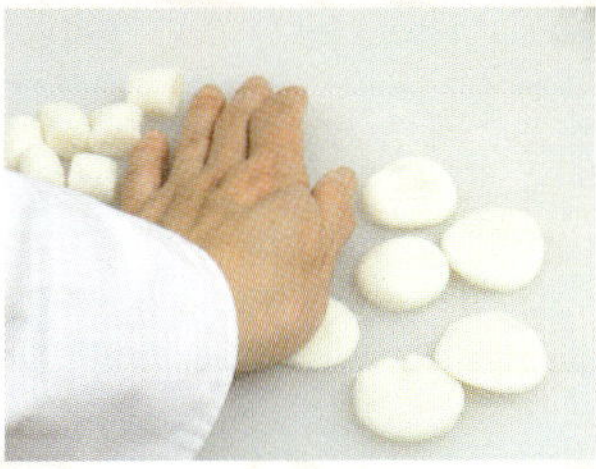

❽

❾

❿

xiān xiā jiǎo

鮮蝦餃

새우교자

주재료
새우살 400g, 죽순 200g
생강 약간

만두피
澄粉(등분) 300g, 밀가루 50g
소금 약간, 끓인 물 210g

조미료
소금 7g, 청주 1큰술, 조미료 약간
설탕 1큰술, 밀가루 1큰술
후춧가루, 참기름 약간씩

01 **새우살은** 물기를 제거하고 으깨서 곱게 다진다. 죽순도 끓는 물에 데친 후 생강과 함께 다져서 준비한다. (그림 ❶~❹)

02 **볼에** 담은 새우 만두소에 조미료 양념과 밀가루를 넣고, 새우소에 끈기가 생기도록 잘 치대어 부드럽게 만든다. (그림 ❺~❼)

03 **등면피에** 새우소를 넣고 찐만두 모양으로 만드는데, 한쪽에만 주름을 잡는다. (그림 ❽~❾)

04 **물이 끓은** 찜통에 교자를 넣은 뒤 뚜껑을 닫고 센 불로 5분 정도 쪄서 꺼내 담는다. (그림 ❿)

●● 이 요리는 중국 띰섬의 일종으로 띰섬용 작은 대나무찜통에 쪄서 내기도 한다.

❶

❷

❸

❹

❺

❻

❼

❽

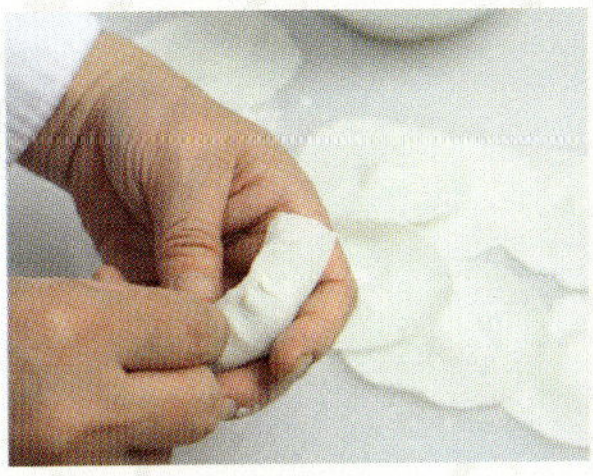
❾

❿

◀그림은 중력 밀가루로 만든 찐교자로, 주로 일반 중국음식점에서 판매하는 것이다. 교자를 싸는 방식은 비슷하나 밀가루로 만든 만두피는 비교적 크게 만들어 사용한다.

shuǐ jīng shāo mài

水晶燒賣

수정쇼마이

주재료
새우살 300g, 당근 50g
파(양파) 100g, 생강 약간

만두피
澄粉(등분) 300g, 밀가루 50g
소금 약간, 끓인 물 210g

조미료
소금 7g, 청주 1큰술
밀가루 1큰술, 설탕 1큰술
조미료, 후춧가루, 참기름 약간씩

01 왼손에 등면피를 올리고 만두소를 넉넉히 넣은 다음 등면피를 쥐듯 오므려 주면서 젓가락이나 칼 등으로 주름을 잡는다. (그림 ❶~❷)

02 손에 쥔 쇼마이의 모양이 갖춰지면 쇼마이를 조금씩 안쪽으로 돌려가며 주름을 잡는다. 마무리에 윗부분이 꽃잎처럼 약간 벌어지게 만든다. (그림 ❸~❹)

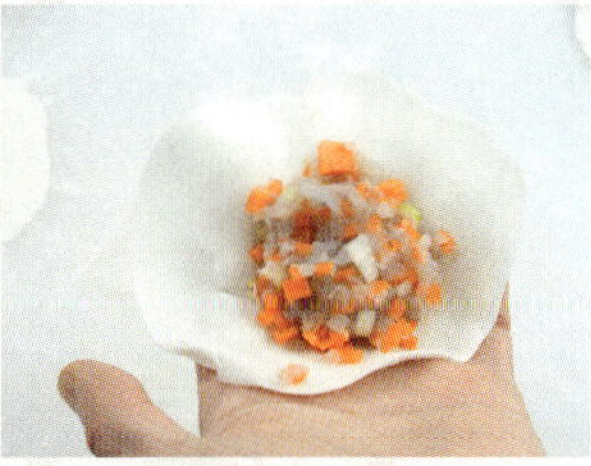
❶

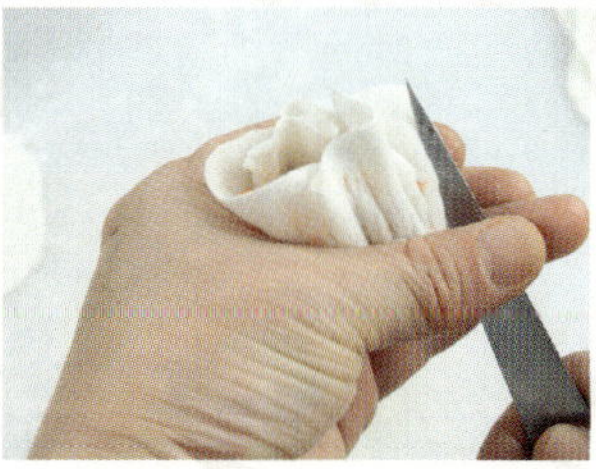
❷

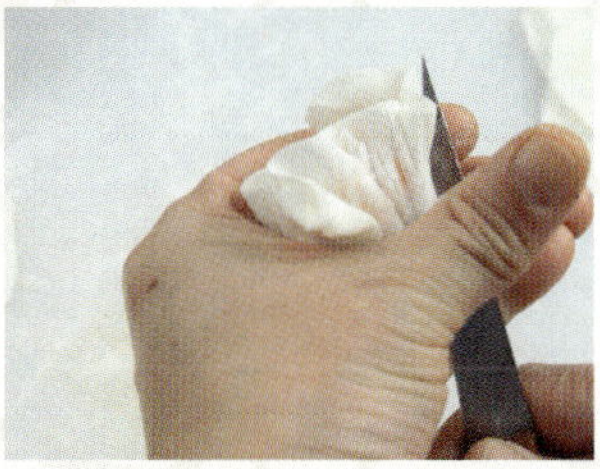
❸

❹

shuǐ jīng yú jiǎo

水晶魚餃

수정교자

주재료

새우살 400g, 죽순 200g, 생강 약간

만두피

澄粉(등분) 300g, 밀가루 50g
소금 약간, 끓인 물 210g

조미료

소금 7g, 청주 1큰술
설탕 1큰술, 밀가루 1큰술
조미료, 후춧가루, 참기름 약간씩

01 등분피에 새우소를 적당히 담고 끝 부분부터 양면을 눌러서 붙여준다. (그림 ❶~❷)

02 앞부분을 위로 올려 붙여주고, 양쪽에 완두콩을 눈 모양으로 장식한다. 끝 부분은 살짝 누른 뒤 펴서 꼬리 모양으로 만든다. (그림 ❸~❹)

03 물이 끓은 찜통에서 센 불로 5분만 쪄서 바로 꺼내 담아 낸다. (그림 ❺)

❶

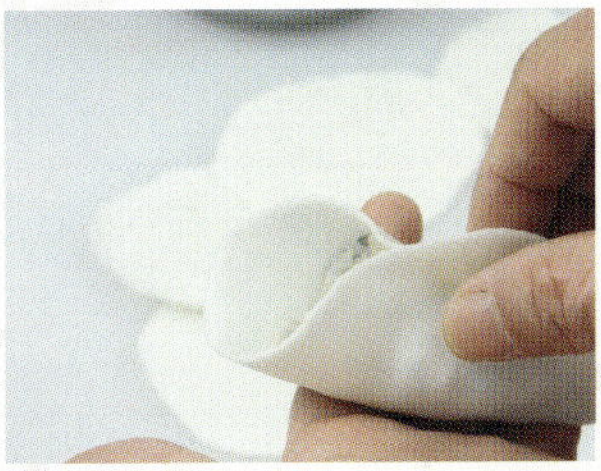

❷

❸

❹

❺

小笼包 xiǎo lóng bāo 등면피 소롱포 만들기

등면피에 새우소를 넣고 왕만두 만드는 방법과 같이 왼쪽 방향으로 주름을 잡아 둥근 모양으로 돌리면서 만든다.

sān jiǎo xiā jiǎo

三角蝦餃

수정삼각교자

주재료
새우살 300g, 당근 50g
파(양파) 100g, 생강 약간

만두피
澄粉(등분) 300g, 밀가루 50g
소금 약간, 끓인 물 210g

조미료
소금 7g, 청주 1큰술, 조미료 약간
설탕 1큰술, 밀가루 1큰술
후춧가루, 참기름 약간씩

01 새우살은 물기를 제거하고 으깨서 곱게 다진다. 당근과 대파는 생강과 함께 다져서 준비한다. (그림 ❶)

02 다진 새우, 당근을 볼에 담고 조미료 양념과 밀가루를 넣어 만두소에 끈기가 생기도록 잘 치대어 부드럽게 만든다. (그림 ❷~❸)

03 등면피에 새우, 당근소를 넣고 양손으로 삼각 모양을 만들어 안쪽에 달라붙게 눌러준 뒤 주름을 조금씩 잡고, 찜통에 5분간 쪄서 낸다. (그림 ❹~❽)

❶

❷

❸

❹

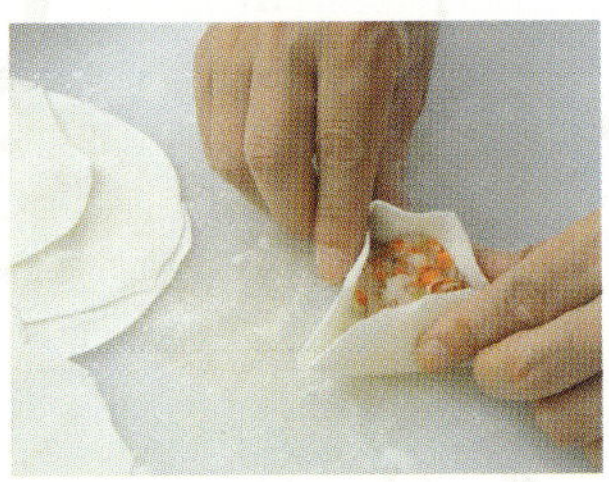
❺

❻

❼

❽

yóu bǐng

油餅

유빙

재료(유빙 반죽)
밀가루(중력) 500g
물(온수) 200cc
소금 2큰술

01 먼저 스테인리스 판에 기름을 바르고, 숙성된 반죽을 밀대로 넓게 펴서 기름 붓으로 식용유를 고루 발라준 뒤 끝 부분부터 천천히 반죽을 돌려 만다. (그림 ❶~❸)

02 길게 말아 놓은 반죽은 도넛 모양으로 돌려서 크게 만들어 마르지 않게 랩에 30분간 덮어 놓는다. (그림 ❹~❺)

03 스테인리스 판에 기름을 바르고 숙성된 반죽을 전기 팬 정도의 크기가 되도록 밀대로 얇게 펴준다. 전기 팬에 기름을 두르고 반죽을 잘 펴서 넣은 다음 뚜껑을 닫는다. 중온에서 6분 정도 굽고 다시 뒤집어서 5분간 구워 낸다. (그림 ❻~❽)

●● 油餠[yóu bǐng]을 반죽하여 밀대로 평평하게 만들 때 송송 썬 파를 뿌려주면 葱油餠[cōng yóu bǐng]이 된다.

◈ 油餠 반죽하는 방법

믹싱 볼에 밀가루를 넣고, 여기에 소금과 미지근한 물을 넣어 잘 치대서 반죽을 만든 다음 랩이나 면포에 싸서 1시간 정도 숙성시킨다.

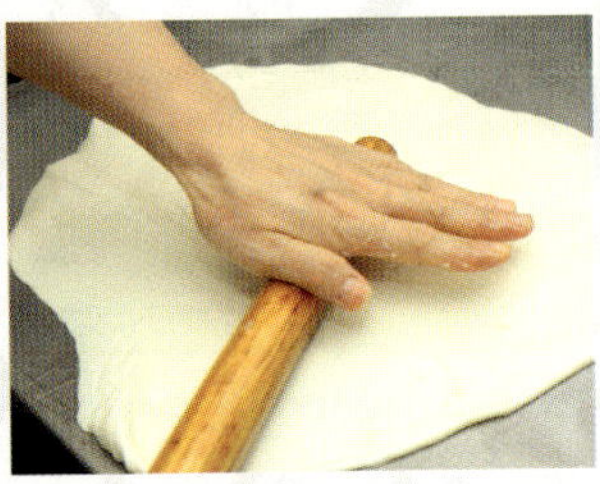

❶

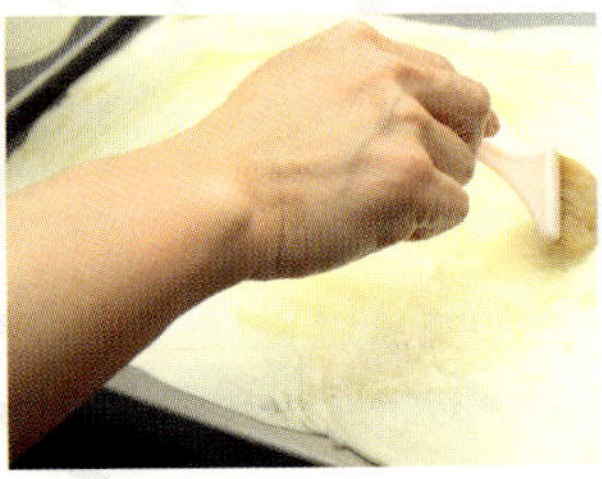

❷

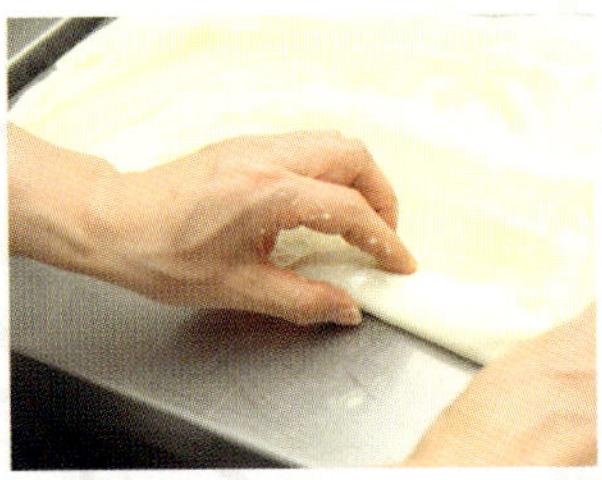

❸

❹

❺

❻

❼

❽

sū bǐng

酥餠

수빙

재료1(물 반죽)
밀가루(중력) 1kg
식용유 100g
백설탕 100g
물 400cc

재료2(기름 반죽)
밀가루(중력) 500g
식용유 200g

●● 酥餅[sū bǐng]을 만들 때는 서로 다른 성분의 두 가지 반죽을 만들어야 한다. 한쪽은 물로 반죽하고, 또 한쪽은 기름으로 반죽하여 숙성시킨 뒤 같이 혼합하여 사용한다.

◈물 반죽 만드는 방법

믹싱 볼에 밀가루를 넣고, 여기에 설탕, 기름, 물을 넣어 잘 치대서 반죽을 만든 다음 랩이나 면포에 싸서 1시간 정도 숙성시킨다.

❶ ❷ ❸ ❹

◈기름 반죽 만드는 방법

믹싱 볼에 밀가루를 넣고, 기름만 넣어 잘 치대서 반죽을 만든 다음 랩이나 면포에 싸서 1시간 정도 숙성시킨다.

❶ ❷ ❸

01 먼저 숙성된 물 반죽을 밀대로 네모꼴로 펴서 여기에 기름 반죽을 올려놓고, 물 반죽으로 싸서 덮는다. (그림 ❶~❹)

❶

❷

❸

❹

02 혼합된 반죽을 뒤집어 밀대로 넓게 편 다음 끝 부분부터 천천히 말아서 4㎝ 정도 크기로 썰어 놓는다. (그림 ❺~❽)

❺

❻

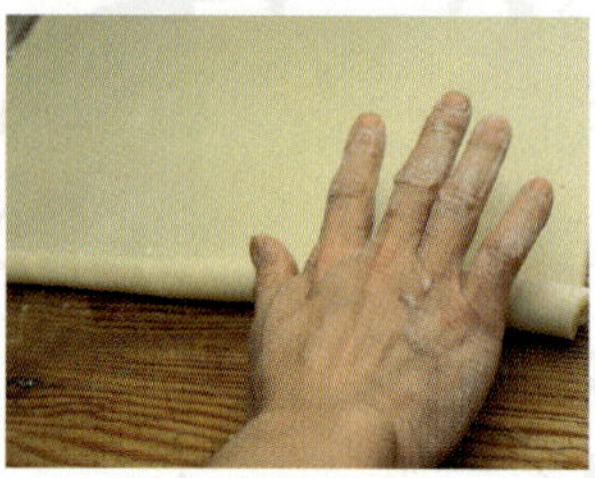

❼

❽

03 썰어 놓은 모양을 하나씩 길게 밀어준 뒤 반죽 속에 설탕을 넣고 다시 싸서 8×4㎝ 크기로 길게 밀어준다. (그림 ❾~⓬)

❾

❿

⓫

⓬

04 반죽을 원형으로 밀어서 반죽 속에 설탕을 넣어 공 모양으로 만든다. (그림 ⓭~⓰)

⓭

⓮

⓯

⓰

05 모양을 만든 반죽은 20분간 다시 숙성시킨 뒤 전기 팬에 기름을 약간 두르고 하나씩 담는다. 뚜껑을 덮고 7분 정도 구운 뒤 다시 뒤집어서 노릇하게 구워지면 꺼낸다. (그림 ⓱~⓳)

⓱

⓲

⓳

●● 전기 팬의 온도 조절에 유의하여 뚜껑을 덮고 만드는 餠類(병과류)는 중간 온도에 맞춰서 조리하는 것이 안전하다.

jiǔ cài hé

韮菜盒

부추합

재료
부추 100g, 계란 4개

만두피
밀가루(중력) 500g, 소금 2작은술
끓인 물 250cc

조미료
파기름 5큰술, 소금 2작은술
치킨파우더 1작은술
후추 약간, 참기름 1큰술
※튀김기름 5큰술

01 밀가루에 끓인 물을 쳐 가며 반죽을 하여 30분간 숙성시킨다. (그림 ❶)

02 부추는 1㎝ 정도 크기로 썰고, 계란은 풀어 놓는다. (그림 ❷~❸)

03 팬에 기름을 두르고 뜨거워지면 풀어낸 계란을 넣어 여기에 소금, 치킨파우더로 간을 하고 국자로 골고루 볶아주면서 부추를 넣고 버무려낸다. (그림 ❹~❽)

04 만두피를 직경 12㎝ 크기의 원형으로 밀어서 볶아낸 부추계란을 소복이 담아 놓고, 반달 모양으로 덮어 양면이 붙게 눌러준다. (그림 ❾~⓫)

05 작은 접시의 모서리를 이용해 타원 모양으로 눌러서 보기 좋게 만든 다음 뚜껑이 있는 팬에 기름을 바르고 앞뒤로 노릇하게 튀겨 낸다. (그림 ⓬~⓮)

●● 치킨파우더는 분말로 되어 있는 조미료 첨가제다. 일반 중식당에서 많이 사용하고 있고, 가정에서도 간단한 요리나 육수를 끓일 때 사용하면 편리하다.

❶

❷

❸

❹

❺

❻

❼

❽

❾

❿

⓫

⓬

⓭

⓮

huā juǎn

花卷

화권

재료(꽃빵 반죽)
밀가루(중력) 1kg
물 450cc, 설탕 3큰술
우유 50cc, 수용효모 10g
베이킹파우더 15g
식용유 30cc

01 스테인리스 용기에 밀가루를 담아 놓고 그릇에 물을 부어 수용효모, 설탕을 넣고 풀어준 뒤 우유를 넣고 잘 치대어 반죽을 한다. (그림 ❶~❺)

02 밀가루 반죽이 부드럽게 뭉쳐지면 여기에 식용유를 조금 넣고 다시 몇 차례 반죽을 하여 랩에 싼 다음 실온에서 30분간 숙성을 시킨다. (그림 ❻~❾)

03 숙성이 되어 부푼 반죽에 베이킹파우더를 넣고 다시 잘 치대어 밀대로 얇게 편 다음 식용유를 고루 발라 양쪽 끝 부분을 똑같은 크기로 말아 4cm 크기로 썰어 놓는다. (그림 ❿~⓱)

04 롤 모양으로 말아 놓은 반죽 한쪽을 올려서 쇠 젓가락으로 위에서 꾹 눌러 꽃빵 모양을 만든다. (그림 ⓲~⓳)

05 또 다른 방법은 말아 놓은 반죽을 같이 포개서 한쪽은 젓가락으로 꾹 눌러주고 한쪽은 당겨서(약간 돌려 뒤집어) 합쳐주고 다시 젓가락으로 눌러주어 소라 모양을 만드는 것이다. (그림 ⓴~㉑)

06 모양을 만들어낸 반죽을 랩에 씌워서 다시 20분간 2차 숙성을 시킨다. (그림 ㉒~㉓)

07 2차 숙성이 되면 약간 부푼 빵을 김이 오른 찜통에 7~8분 쪄서 낸다. (그림 ㉔)

❶

❷

❸

❹

❺

❻

❼

❽

❾

❿

⓫

⓬

⓭

⓮

⓯

⑯

⑰

⑱

⑲

⑳

㉑

㉒

㉓

㉔

bá sī yuán xiāo

拔絲元宵

찹쌀떡빠스

주재료

찹쌀떡 10개, 볶은 참깨 약간

부재료

설탕 $\frac{1}{2}$컵, 식용유 2큰술
밀가루 $\frac{1}{2}$컵, 물 1작은술
※튀김기름

01 냉동된 찹쌀떡은 해동을 시킨 뒤 밀가루에 골고루 묻혀서 달라붙지 않게 굴려 둔다. (그림 ❶~❷)

02 찹쌀떡을 기름조리에 담아 110℃ 튀김기름으로 중불에서 천천히 튀긴다. (그림 ❸)

03 찹쌀떡이 조금씩 부풀며 튀겨질 때 조리로 건져가며, 국자로 조금씩 두드려가며, 노릇하게 튀겨 준다. (그림 ❹)

04 팬에 기름을 두르고 온도가 오르면 설탕을 넣고 서서히 녹인다. 황금색이 나는 시럽이 되면 튀겨 낸 찹쌀떡을 넣어 재빨리 버무려 낸다. (그림 ❺~❼) *참깨는 버무릴 때 뿌려준다.

●● 찹쌀떡에 설탕시럽을 버무릴 때 찬물을 1작은술 끼얹어주면 시럽이 찹쌀떡에 잘 묻는다.

❶

❷

❸

❹

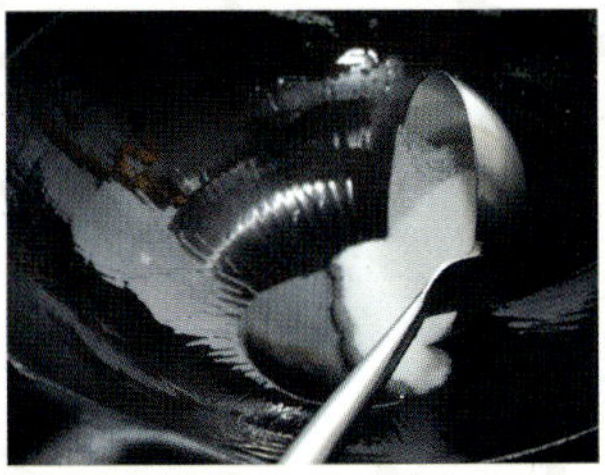

❺

❻

❼

저자 최송산

저자약력*

- 1954년생, 조리경력 35년
- 서울프라자호텔 중식조리장(1983~2003년)
- 第一回 서울국제요리 金賞(1991년)
- 공중파, 케이블TV 호텔요리 비법공개 및 전속 출연(1995년~)
- 서울보건대학 조리예술과 출강(1995~2004년)
- 안산공대 호텔조리과 출강(1997~1999년)
- 현대문화센터 전통중국요리 강사(1998~2006년)
- 조리기능장 실기 감독위원 위촉(1999년~)
- 鳳酒樓 총주방장(2003~2005년)
- KBS, SBS, MBC, 공중파 및 EBS 최고의 요리비결 출연
- 中國青島 烹飮大師(중국청도조리명장)(2008년 7월)
- 中國青島酒店管理學院客座敎授(2009년 9월)
- 현 아세아 樓安 조리고문(2006년~)
- 현 혜전대학 호텔조리외식계열 계열장(중식전공장)(2007년~)

- 저서

『최신중국요리』
『식품조각』
『중국특선명요리』

중식의 반찬과 식사

초판인쇄	2010년 2월 10일
초판발행	2010년 2월 17일
저　　자	최송산
발 행 인	김홍용
발 행 처	도서출판 **효일**
	서울특별시 동대문구 용두 2동 102-201
	전화 : 02)928-6644 FAX : 02)927-7703
homepage	www.hyoilbooks.com
e-mail	hyoilbooks@hyoilbooks.com
등　　록	1987년 11월 18일 제 6-0045호

값 20,000원

ISBN 978-89-8489-288-0